Inhaltsverzeichnis

Zitrusfrüchte

Orangen und Zitronen, wohin das Auge blickt ... Diese Tasche zeigt nicht nur ein besonders spritziges Motiv, sondern kann auch sehr schnell aus einer Wachstuchtischdecke genäht werden. Das robuste Material ist in vielen Mustern erhältlich.

1. Die Schnitte von der Vorlage auf Transparentpapier übertragen und ausschneiden.

2. Den abgenommenen Schnitt auf das Wachstuch legen und jedes Teil zweimal zuschneiden.

3. Die Henkel der Länge nach halbiert von rechts aufeinander legen und wenden. Die Halbkreise rechts auf rechts aufeinander legen, der Rundung folgend absteppen, wenden und die Naht auseinander ziehen.

4. Den Rand nach innen einschlagen und absteppen. Zum Schluss die Henkel an den Seiten absteppen und von innen in die Tasche nähen.

Tipp: Um der Tasche eine besondere Stabilität zu verleihen, sollten Sie die Henkel zusätzlich von außen kreuzförmig absteppen (siehe Foto).

Material

- Wachstuchtischdecke
- Schere
- Nähmaschine
- Nähgarn
- Transparentpapier
- Bleistift

Modell 1, Vorlage auf Seite 78 und 79

Sarah McDonald (Hrsg.)

KULT-TASCHEN

Creative Ideen im Trend zum Selbermachen

OZ creativ

Vorwort

Liebe Leserin, lieber Leser!

Tolle Taschen selber machen – das ist das Motto dieses Buches. Hier finden Sie attraktive Taschen für jeden Anlass. Ob beim Shopping, am Strand, auf einer Party oder im Konzert: Diese Taschen verhelfen Ihnen zu einem wirkungsvollen Auftritt.
Viele der vorgestellten Modelle lassen sich ganz einfach mit wenigen Handgriffen herstellen. Das verwendete Material stammt aus Bastelfachhandel, Handarbeitsgeschäft, Kaufhaus, Küche oder Baumarkt. Besondere Vorkenntnisse sind gar nicht vonnöten. Mit der Nähmaschine arbeiten Sie meist nur einfache, gerade Nähte. Gehäkelt wird mit Luftmaschen und festen Maschen. Komplizierte Techniken werden vermieden, die Farben und Materialien sollen im Vordergrund stehen.
Wir zeigen Ihnen Taschen aus Kaffee-, Milch- und Safttüten, aus Tischsets, Wachstuch und Lackfolie, aus Trinkhalmen, Einkaufstüten, Wäscheleinen und Kunstrasen. Und natürlich finden Sie auch klassische Materialien wie Baumwoll- und Seidenstoffe, Filz und Garne.

Wenn Sie einmal mit dem Taschenbasteln angefangen haben, werden Sie selbst im Alltag viele neue Materialien entdecken, die sich für Ihre persönliche Taschenproduktion eignen. Starten Sie los und kreieren Sie coole, elegante, sportliche und trendige Modelle! Denn Taschen kann man doch eigentlich nie genug haben. Außerdem sind sie ein tolles Geschenk, das sehr viel Freude bereitet.

Wir wünschen viel Erfolg und vor allem ganz viel Spaß beim Herstellen und Tragen Ihrer neuen Taschen!

Ihre Redaktion

Nicht nur für Girlies!

Diese trendige Umhängetasche ist nach einem ganz simplen Prinzip gefertigt: Aus nur zwei Teilen wird sie gestaltet. Und diejenigen, die es weniger auffallend mögen, suchen sich einfach eine Lackfolie mit dezentem Muster in ihren Lieblingsfarben aus.

1. Die Vorlagen wie angegeben vergrößern und ausschneiden. Beide Vorlagen je einmal auf Filz und einmal auf Tischdeckenfolie übertragen und mit 1 cm Nahtzugabe ausschneiden. Die beiden Filz- und Tischdeckenrechtecke ergeben später Rückseite und Überschlag der Umhängetasche (siehe a und b der Schemazeichnung auf Seite 79).

2. Die Filz- und Tischdeckenteile a und b so aufeinander legen, dass der Filz auf der Vorderseite der Tischdecke liegt. An einer der kurzen Seiten zusammennähen. An der Naht umfalten und auf der rechten Seite unterhalb der Naht eine weitere Naht nähen. Diese dient zum Fixieren der Falte.

3. Die beiden anderen Teile aus Filz und Tischdecke so aufeinander legen, dass der Filz auf der linken Seite der Tischdecke liegt. An der längsten Seite zusammennähen, umfalten und wie zuvor auf der rechten Seite direkt unterhalb der Naht eine weitere Naht nähen. Dieses Taschenteil wird Vorderseite (c), Seitenteile (d und e) und Boden (f) der Tasche. An den innen liegenden Ecken (i) die Nahtzugabe zur Ecke hin einschneiden. An der Bodenseite die Rückseite linksseitig annähen.

4. An beiden Seiten die schmale Bodenseite mit dem Seitenteil zusammennähen. Dafür die Seiten an den innen liegenden Ecken, welche zuvor eingeschnitten wurden, übereinander legen und etwa 1–2 cm vom Rand sorgfältig zusammennähen.

5. Dann die langen Seitenteile mit der Rückseite der Tasche zusammennähen und das Taschenteil wenden. Nun die Ränder an dem Überschlag knapp umfalten und dicht an der Falte absteppen.

6. Einen 9 x 150 cm langen Streifen aus der Tischdecke zuschneiden und der Länge nach zweimal zur Mitte hin falten, so dass ein 3 cm breiter Streifen entsteht. In der Mitte festnähen und die Henkel mit je einer Niete an der Innenseite befestigen.

7. Zum Schluss, wie auf dem Bild zu sehen, eine große Blüte anbringen. Diese entweder festkleben oder mit Nadel und Faden annähen.

Tipp: Eine hohe Stabilität bekommt diese Tasche durch den Filz, der auf der Innenseite verwendet wird. Es kann aber auch ganz auf dieses Innenfutter verzichtet oder eine zweite Tischdeckenfolie dafür benutzt werden.

Material

- Gemusterte Lackfolie bzw. Tischdecke, 100 x 150 cm
- Filz in Violett, 80 x 60 cm
- Blüte „Gerbera" in Pink
- 2 Flachnieten
- Nähmaschine
- Blaustift
- Nähgarn
- Schere, Hammer
- Karton
- Alleskleber
- Maßband oder Lineal

Modell 2, Vorlage auf Seite 79

TWININGS
Iced Tea

Set-isfaction

Die Gute-Laune-Tasche für große und kleine Damen bringt den sommerlich-blumigen Frischekick! Diese Tischset-Tasche kann immer und überall getragen werden, ob am Nachmittag zum Einkaufsbummel oder zum Ausgehen. Und das Portemonnaie passt perfekt dazu.

Tasche

1. Das Tischset mittig biegen. Eine Seite auf ein Blatt Papier legen und die entstandene Rundung mit dem Bleistift sorgfältig umfahren. Es entsteht die Vorlage für den seitlichen Draht, die so genau auf die Größe des Tischsets angepasst wird. Die Vorlage ausschneiden.

2. Die Vorlage auf dem Drahtgitter mit Klebestreifen befestigen und den Draht mit der Drahtschere ausschneiden. Für die andere Seite diesen Vorgang noch einmal wiederholen.

3. Von der Mitte des Tischsets ausgehend, mit einem Randabstand von 1 cm pro Seite je 18 Löcher lochen. Dafür die Lochzange benutzen und die Ösen einsetzen. Zwischen den einzelnen Löchern 1 cm Platz lassen.

4. Um sich an den spitzen Enden des Drahtes nicht zu verletzen, werden die Ränder nach innen gebogen.

5. Mit den Scoubidou-Bändern das Drahtgitter mit dem Tischset verbinden. Dabei das gelbe Band immer von oben durch die Löcher ziehen. Im Anschluss daran das transparente Band immer von unten durch die Löcher ziehen. Zum Schluss die Bänder nach innen ziehen, verknoten und den Überschuss mit einer Schere sorgfältig abschneiden.

6. Für die Henkel von der Mitte der Tasche je 9 cm abmessen, die entsprechenden Stellen markieren und mit der Lochzange lochen. Den Draht des Sonnenblumen-Strangs durchstecken und innen umbiegen.

Portemonnaie

1. Aus dem Tischset mit dem Cutter 17 x 28 cm ausschneiden.

2. Nach 11,5 cm und 23 cm mit dem Cutter ganz vorsichtig das Set von innen einritzen und umbiegen. Das vordere Teil an den Ecken rund schneiden.

3. Das Tischset auf den Filz legen, mit Klebestreifen befestigen, ausschneiden und mit doppelseitigen Klebestreifen innen befestigen. Für die Seitenteile des Portemonnaies zwei gleich große Filzstücke von 4 x 11,5 cm zurechtschneiden und diese im Inneren auf beiden Seiten mit dem Klebeband befestigen, mittig umknicken. Beim Schließen des Portemonnaies klebt der andere Teil an der richtigen Stelle automatisch fest. Den Druckknopf befestigen.

Material

Tasche
- Tischset „Blume"
- Lampendraht, 12 x 20 cm
- Scoubidou-Bänder in Transparent und Gelb, 2 m lang
- Sonnenblumen-Strang, 60 cm lang
- Papier
- Bleistift
- Schere
- Lochzange
- Drahtschere
- kleine Spitzzange

Portemonnaie
- Tischset „Blume"
- Filz in Dunkelbraun, 30 x 30 cm
- Ösen in Silber
- doppelseitiger Klebestreifen
- Druckknopf
- Cutter
- Schneidematte
- Klebestreifen

Modelle 3 und 4

Flower-Power am Strand

Diese ausgefallene Badetasche und das passende Sonnencreme-Täschchen werden am Strand die Blicke auf sich ziehen. Selbermachen heißt die Devise! Einfach Folie mit Naturfaserpapier beziehen, die Taschenteile sichtbar zusammennähen und mit Blumen bestücken.

1. Die Vorlage der Taschenoberkante, der Seitenwand und des Griffs mit Entwurfpapier abpausen.

2. Für die große Tasche einen ganzen Folienstreifen (= 37 Löcher) verwenden, für die kleine Tasche den Streifen in 65 cm Länge (= 25 Löcher) abschneiden.

3. An den Taschenoberkanten jeweils einen Streifen so umknicken, dass das erste Stanzloch genau auf das zweite trifft. Beide Streifen in die gleiche Richtung knicken. Sie dienen der Verstärkung der oberen Kanten. Den Bruch mit einem Scherengriff fest knicken. Wieder aufklappen und beide Seiten auf die Vorlage a legen. Die Eingriffe mit dem wasserfesten Stift durchzeichnen.

4. Die Ausschnitte mit dem Bastelmesser ausschneiden. Die Seitenwände mit dem wasserfesten Stift auf die Folie zeichnen, ausschneiden und die Löcher mit einem Locher ausstanzen. Dazu das Unterteil entfernen und den Locher mit der Unterseite nach oben halten.

5. Alle Vorderseiten gleichmäßig mit Sprühkleber überziehen und auf das glatte Deko-Vlies legen. Umdrehen und das Vlies anreiben.

6. Die Flächen mit Mattlack überstreichen. Trocknen lassen. Das Vlies an den Eingriffen wegschneiden und bei den Löchern ausstanzen.

7. Für die kleine Tasche zweimal 1,50 m, für die große Tasche zweimal 2 m Band abschneiden. Als Nadelersatz jeweils ein Bandende mit Klebefilm umwickeln. Mit diesem Band die Zwischenteile durch die vorgestanzten Löcher verbinden.

8. Die Folie für die Griffe (Zeichnung c) zuschneiden. Je Tasche zweimal 25 cm Band abschneiden. Folienstücke so um den Eingriff rollen, dass die Löcher außen übereinander liegen. Das Band in eine Nadel mit gebogener Spitze fädeln. Durch die ersten beiden Löcher von unten nach oben stechen, Band anziehen und einmal um die Kante nähen, damit das Band „vernäht" ist. Mit Vorstichen durch die Löcher beider Lagen nähen, die Nadel dabei mit Hilfe der Zange herausziehen. Am Ende wieder zweimal um die Kante nähen. Bandenden anschneiden.

9. Jeweils eine Taschen-Außenseite mit Blumen bekleben. Dafür bei den Margeriten die Trägerpapiere abziehen und die Blumen andrücken. Bei den anderen Blumen die Stiele dicht hinter dem Blumenkopf abzwicken bzw. die Köpfe abziehen und den Kunststoff-Stielansatz dicht hinter der Blüte abschneiden. Die Blüten mit Heißkleber befestigen.

Material

- Bodenlampenfolie, 90 x 25 cm, 4tlg.
- Design Deko-Vlies Flowers in Orange
- Struktur Deko-Vlies in Blau
- Marabu-aqua-Mattlack
- Karoband mit Drahtkante in Orange-Gelb
- Karoband mit Drahtkante in Blau-Weiß
- Deko-Margeriten mit Klebepunkt
- je 3 Gerbera in Orange und Rot
- Kornblumen-Pick
- Nadelset mit 6 Spezialnadeln
- Sprühkleber, transparent
- Entwurfpapier
- dünner, wasserfester Filzstift
- Locher
- Flachpinsel
- Flachzange mit Seitenschneider
- Bastelmesser
- Klebefilm
- Heißkleber

Modelle 5 und 6, Vorlagen auf Seite 80 und 81

sun
SONNENMILCH

Kiwi trifft Zitrone

Das Ergebnis der Mischung aus Tischsets mit Südfrüchten und bunten Bändern ist diese farbenfrohe Tasche, die sich auch für Schwimmbad oder Strand gut eignet. Schließlich ist sie wasserfest und hält einiges aus!

1. Tischset Zitrone mittig längs mit dem Cutter halbieren (Seitenteile) und das Tischset Kiwi quer halbieren (Boden).

2. Nun auf allen Taschenteilen mit einem Abstand von 1,5 cm die späteren Löcher mit dem Filzstift markieren, dabei bei den vier Seitenteilen die Oberkante aussparen.

3. Mit der Lochzange sorgfältig die Löcher an den markierten Stellen lochen, damit diese beim Zusammenbinden später aufeinander liegen. Alle Taschenteile so hinlegen, wie sie später zusammengefügt werden.

4. Beim Verbinden der Sets beachten, dass die Löcher der zusammenzufügenden Seitenteile genau aufeinander passen.

5. Zunächst mit dem Boden und einem der breiten Seitenteile beginnen. Dafür die Schnur immer von oben durch die Löcher führen. Zuletzt die Schnur nach innen ziehen, verknoten und den Rest abschneiden. Damit die Plastikschnüre nicht ausfransen, diese vorsichtig am Ende mit einem Feuerzeug anbrennen. Mit den anderen Seitenteilen ebenso verfahren.

6. Für die Henkel vom Expander auf beiden Seiten den Metallhaken abschneiden. Mit Hilfe der Lochzange auf den beiden breiten Seiten der Taschenoberkante je zwei Löcher stanzen. Dabei darauf achten, dass diese mindestens 2 cm Abstand zur Oberkante haben. Anschließend die Expanderschnur von außen durchstecken und innen verknoten.

Tipp: Um den Boden zu stabilisieren, können Sie aus stabilem Pappkarton einen Boden in der entsprechenden Größe zuschneiden und einlegen. Es bietet sich auch an, diesen Einlageboden aus Safttüten herzustellen. Hierfür die Tüten sorgfältig reinigen, an einer Seitenkante aufschneiden und ein Stück in der benötigten Größe zuschneiden.

Material

- 2 Tischsets „Zitrone"
- 2 Tischsets „Kiwi"
- Schnur in Gelb, Rot und Grün
- Expander in Rot-Gelb
- Cutter, Schere
- Schneidematte
- Filzstift
- Lochzange
- Feuerzeug

Modell 7

PETER MAYLE
Toujours Provence
Knaur

Wer nimmt mich huckepack?

Diesen schrillen Froschkönig würde jede Prinzessin gerne küssen. Unverwandelt eignet er sich jedoch prima als Kindergartenrucksack. Und er ist groß genug, dass alles Wichtige verstaut werden kann, was benötigt wird.

1. Alle Schnittteile von der Vorlage auf das Transparentpapier übertragen und sorgfältig ausschneiden. Dabei die Arme und Beine jeweils viermal, den Körper zweimal und die Krone einmal zuschneiden.

2. Den Körper, die Arme und die Beine gemäß Vorlage oder nach Belieben mit Deco-Paintern bemalen. Die Krone zuerst mit Deco Painter in Gold gestalten und anschließend Glamour-Glitter in Gold auflegen.

3. Nach dem Trocknen der Farbe die zusammengehörigen Teile von Armen und Beinen zusammenlegen und am Rand mit der Nähmaschine absteppen. Für den Reißverschluss einen 22 cm langen Schlitz in die Rückseite schneiden und den Reißverschluss einnähen. Die Handflächen an den markierten Stellen an den Bauch nähen. Anschließend beide Körperteile aufeinander legen. Arme, Beine und Krone dazwischen schieben und zusammennähen.

Material

- Lackfolie in Grün, ca. 30 cm
- Reißverschluss in Grün, 22 cm
- Marabu-fun & fancy Glamour-Glitter in Gold
- Marabu-Deco Painter in Kirschrot, Weiß, Hellgrün, Hellblau, Schwarz und Gold
- Nähmaschine
- passendes Nähgarn
- Schere
- Transparentpapier
- Bleistift

Modell 8, Vorlage auf Seite 82 und 83

Sunflowers

Schon fast ein Klassiker ist diese schicke Tasche aus transparenter Tischtuchfolie. In die Zwischenräume der Seitenteile werden künstliche Sonnenblumen gesteckt und sofort hält der Sommer Einzug!

1. Zwei 50 x 90 cm große Rechtecke aus der Tischtuchfolie schneiden. Anschließend für die Henkel zwei 60 x 6 cm lange Rechtecke zuschneiden.

2. Die zwei großen Rechtecke für das Vorder- bzw. Rückenteil aufeinander legen und mit einem Zentimeter Nahtzugabe an den Seiten zusammennähen. Drei Nähte (nach jeweils 12 cm) der Länge nach absteppen. Nun den Schlauch halbiert übereinander legen und die Seiten schließen.

3. Die Sonnenblumen in die einzelnen Zwischenräume stecken. Die obere Kante nach innen einschlagen und absteppen. Die Rechtecke für die Henkel der Länge nach halbieren und die Kanten absteppen. Von innen an die Tasche nähen.

Material

- 10 künstliche Sonnenblumen
- transparente Tischtuchfolie
- Nähmaschine
- Nähgarn in Grün
- Schere

Modell 9

Passion for Fashion

Dieses interessante Fotomotiv stammt von einer Einkaufstüte. Einfach ausschneiden, zwischen durchsichtige Folien nähen und mit Trägergurt einfassen – fertig ist die aufregende Designer-Tasche. Ein Muss für modebewusste Taschenliebhaberinnen!

1. Das gewünschte Motiv zweimal (für Vorder- und Rückseite der Tasche) aus der Einkaufstüte ausschneiden. Anschließend in der gleichen Größe je zwei Stücke aus Tischtuchfolie sorgfältig zuschneiden.

2. Die Plastiktütenteile zwischen die Folienstücke legen und an den Seiten und dem Boden zusammennähen. Am oberen Rand ein Stück schmalen Trägergurt in einer passenden Farbe aufnähen.

3. Den schmalen Trägergurt in der Länge und der doppelten Höhe der Tasche zurechtschneiden, an die Seitenteile der Tasche legen und anschließend Vorder- und Rückseite zusammennähen (siehe Abbildung).

4. Anschließend aus dem breiten andersfarbigen Trägergurt zwei Henkel in der gewünschten Länge abschneiden und von innen an den oberen Rand der Tasche nähen.

Tipp: Für diese Tasche ist es wichtig, dass Sie ein besonders attraktives Motiv wählen, denn Ihre Tasche soll ja zum Blickfang werden! Es bieten sich vor allem Einkaufstüten an, die eine großflächige Fotografie zeigen, wie die Schwarzweißfotografie, die Sie in unserem Beispiel sehen. Die Trägergurte für die Taschenhenkel und die Einfassung immer in zum Motiv passenden Farben wählen.

Material

- Plastiktüte mit attraktivem Motiv
- je einen schmalen und breiten Trägergurt in zwei passenden Farben
- Nähmaschine
- Nähgarn
- Schere
- dünne, transparente Tischtuchfolie

Modell 10

Chinesische Kalligraphie

Darf's ein bisschen exotisch sein? Durch die reduzierte Farbigkeit wirkt diese Tasche elegant und angenehm zurückhaltend. Hier wird eine chinesische Zeitung verarbeitet sowie rote Strohseide, bemalt mit asiatischen Kalligraphien – ein schöner Gruß aus dem fernen Osten.

1. Die chinesische Zeitung und die Strohseide mit asiatischen Schriftzeichen in Gold, Rot und Schwarz bemalen. Beides nach dem Trocknen mit Schriftzügen bekleben, die aus der Zeitung ausgeschnitten sind. Schließlich alle vorbereiteten Teile zwischen der Folie anordnen und laminieren. Auf diese Weise zwei rechteckige Taschenteile in gleicher Größe herstellen.

2. Mit der Nähmaschine die beiden Folien an den Seiten und am Boden zusammennähen. Mit der Lochzange etwas unterhalb des oberen Taschenrandes auf jeder Seite zwei Löcher stanzen und die Papierkordel in gewünschter Länge für den Henkel durchziehen. Die Kordel an den Enden verknoten, um ein Durchrutschen zu verhindern.

Tipp: Vorlagen für asiatische Schriftzeichen finden Sie beispielsweise im Internet.

Material

- Chinesische Tageszeitung
- Strohseide in Rot
- Papierkordel in Schwarz
- Haarpinsel
- Marabu-Decormatt Acryl in Metallic-Gold, Schwarz und Kirschrot
- Nähmaschine
- Nähgarn
- Lochzange
- dünne Laminierfolie
- Laminiergerät (Copy-Shop)

Modell 11

Aus Trinkhalmen gewebt

Das Gittermuster dieser ausgefallenen Tasche wird aus Trinkhalmen hergestellt, die zwischen Backpapier gebügelt werden. Ein interessantes Detail stellt die bewegliche Deckelklappe dar: Als „Scharniere" dienen die Knicke der Trinkhalme, die in einer Höhe angeordnet sind.

1. Die Trinkhalme zwischen Backpapier legen und bügeln. Mit den Halmen ein Gitter herstellen. Dabei wie beim Weben die Querhalme immer abwechselnd über die Längshalme legen bzw. unter diesen hindurchführen. Das fertige Gitter erneut zwischen Backpapier legen und bügeln, damit sich ein zusammenhängendes Netz bildet.

2. Für die bewegliche Deckelklappe die Knicke der Trinkhalme in einer Ebene anordnen und nicht bügeln. Anschließend aus dem Gitternetz Vorder- und Rückenteil sowie die Seitenteile ausschneiden und die Einzelteile mit Heißkleber fest verbinden.

3. An den Seiten das Satinband für den Henkel befestigen und zum Schluss an den Deckel und das Vorderteil jeweils ein Band für den Verschluss anbringen.

Material

- Trinkhalme in verschiedenen Neonfarben
- Satinband in Orange und Pink
- Bügeleisen
- Schere
- Backpapier
- Heißkleber

Modell 12

In Sommerlaune

Es ist keine Frage der Einstellung, sondern der Ausstattung: Diese Trinkhalmtasche sorgt garantiert für richtig gute Sommerlaune – eine ideale Begleiterin beim Ausflug zum Strand, Freibad oder See.

1. Die Tasche besteht aus insgesamt sieben Schnittteilen: Ein Rechteck von 70 x 40 cm bildet die Wände und den Taschenboden. Aus zwei Teilen von 29,5 x 12 cm entstehen die Seitenwände. Zwei Haltebänder von 70 x 2,5 cm sorgen für Stabilität und zwei Träger von 70 x 5 cm dienen als Griffe. Den Filz gemäß Schemazeichnung in den entsprechenden Größen sorgfältig zuschneiden.

2. Zuerst die Haltebänder durch den Boden der Tasche fädeln. Dazu nach Schemazeichnung vier Schnitte in der Länge von 3 cm in den Taschenboden schneiden. Die Haltebänder durch die Schnitte ziehen und am Taschenboden mit der Nähmaschine feststeppen.

3. Dann die Seitenteile einheften. Damit der Stoff sich gut um die Ecken legt, am Taschenboden an allen vier Ecken kleine Einschnitte von etwa 5 mm vornehmen. Die Filzkanten liegen außen und werden in Füßchenbreite mit der Nähmaschine und orangefarbenem Nähgarn zusammengenäht.

4. Für eine Halmfläche je 43 Ballermannhalme in Pink nebeneinander auslegen, mit Kreppklebeband aneinander fixieren und auf 39 cm Länge kürzen. Jeweils 2 cm vom Rand die Halme auf Nylonfaden auffädeln, um die Fläche zu stabilisieren. Da beide Seiten der Tasche mit Halmen bestückt sind, den gesamten Vorgang anschließend noch einmal wiederholen.

5. Nun die Haltebänder auf einer Seite mit Teppichklebeband bekleben und das Trägermaterial vom Band abziehen. Die Halmplatte auf der Tasche ausrichten und anschließend durch die mit Teppichklebeband beklebten Bänder fixieren. Die Haltebänder dicht unterhalb des oberen Taschenrandes festnähen und evtl. überstehenden Filz abschneiden.

6. Für die Träger die 5 cm breiten Filzstreifen über eine Länge von 48 cm zusammennähen, dabei jeweils die Enden rechts und links 11 cm lang offen lassen. Die Enden über eine Länge von jeweils 2,5 cm schmal schneiden und auf der Höhe der Haltebänder feststeppen.

7. Zum Schluss die Halmflächen von Hand an den Filz annähen. Dafür Nylonfaden verwenden und den Faden der Halmfläche (siehe Schritt 4) dabei vernähen.

Tipp: Um einen weiteren Akzent zu setzen, kann, wie auf dem Bild zu sehen, eine Stoffblüte in einer Kontrastfarbe angebracht werden. Dafür die Blüte mit Textilkleber festkleben oder mit Nadel und Faden festnähen.

Material

- 2 Filzrechtecke in Orange, 70 x 40 cm
- Nähgarn in Orange
- Nylonfaden, Stärke 0,35 mm
- Ballermannhalme in Pink
- Kreppklebeband
- doppelseitiges Teppichklebeband
- Schere
- Stecknadeln
- Nähmaschine

Modell 13, Vorlage auf Seite 84

Ahoi – hier kommt die Brause!

Die Herstellung dieser kleinen farbenfrohen Umhängetasche ist ganz einfach, aber sehr wirkungsvoll. Anstelle der Brausetütchen können auch Urlaubserinnerungen wie Postkarten, Fotos oder Eintrittskarten zwischen die Folien gelegt werden.

1. Die Tütchen auf der Rückseite mit dem Cutter so einschneiden, dass die Rückseite nicht beschädigt wird. Anschließend das Brausepulver vorsichtig entnehmen. Die Tüten nicht an den Seiten aufschneiden.

2. Die selbstklebende Klarsichtfolie mit der Klebefläche nach oben legen und die Tütchen mit der Vorderseite nach unten in 8 Reihen so auflegen, wie auf der Schemazeichnung auf Seite 85 zu sehen. Die jeweils äußeren Tütchen von Reihe 1 und 2 bilden später die Seitenteile, der Rest die Vorderseite. Die Tütchen jeweils so legen, dass die Schrift der Rückseite auf dem Kopf steht. Reihe 3 bildet den Taschenboden. Sie besteht aus quer aufgelegten Tütchen. Die Reihen 4 bis 8 ergeben den Überschlag der Tasche. Auch hier steht die Schrift der Brausetütchen auf dem Kopf.

3. Die Klarsichtfolie oder eine transparente Plastiktischdecke darüber legen. An den freien Stellen kleben Tischdecke und Klarsichtfolie zusammen. Die überstehende Folie rundherum abschneiden, dabei einen etwa 2 cm breiten Rand stehen lassen. An den innen liegenden Ecken die Folie zur Ecke hin einschneiden.

4. Das Taschenstück umdrehen, so dass die Vorderseite oben liegt. Die schmalen Bodenseiten mit dem unteren Seitenteil zusammennähen. Dafür die zuvor eingeschnittenen Seiten an den innen liegenden Ecken übereinander legen und 0,5 cm vom Rand entfernt zusammennähen. Ebenso die Seitenteile mit der Rückseite zusammennähen.

5. Das Taschenteil wenden. Die überstehende Folie an den Kanten knapp abschneiden, mit Schrägband einfassen und festnähen.

6. Den Taschengurt an den Seitenteilen festnähen. Dafür ein Viereck mit Kreuz auf den Gurt nähen. Diese Art, den Gurt zu vernähen, sorgt für mehr Stabilität. Zum Schluss selbstklebendes Klettband wie auf dem Foto auf die Tasche kleben.

Material

- 35 Ahoi-Brausetütchen
- selbstklebende Klarsichtfolie, 90 x 50 cm
- Klarsichtfolie bzw. transparente Plastiktischdecke, 70 x 150 cm
- Spanngurt in Blau, 150 cm lang
- Schrägband in Blau, 150 cm lang
- selbstklebendes Klettband in Dunkelblau
- Nähmaschine
- Nähgarn in Weiß und Blau
- Schere
- Lineal
- Cutter

Modell 14, Vorlage auf Seite 85

BRAUSE-PULVER
Ahoj-Brause
Frigeo
ORANGE
WALDMEISTER
ZITRONE
HIMBEER

Kaffeeduft liegt in der Luft

Genau das Richtige für Kaffeeliebhaber! Aus leeren Kaffeetüten entsteht eine originelle Tasche mit Schulterhenkeln – ideal für den Einkaufsbummel in der City! Und natürlich kann in der stabilen Umhängetasche viel mehr als nur Bohnenkaffee transportiert werden.

1. Die Tüten an den Verschlussteilen sorgsam öffnen. Nicht aufschneiden! Die Tüten sorgfältig reinigen. Die geöffneten Tüten haben eine rechteckige Form.

2. Die Tasche besteht aus fünf Teilen: zwei Seitenteilen, einem Bodenteil und zwei Henkeln. Wie die Taschenteile zusammengesetzt werden, ist in der Schemazeichnung auf Seite 85 zu sehen.

3. Pro Seitenteil zwei Tüten aufeinander kleben. Dafür auf der Innenseite der ersten Tüte doppelseitiges Klebeband anbringen und die zweite Tüte mit der Innenseite aufkleben. Das zweite Seitenteil ebenso fertigen. Die Ränder abschneiden.

4. Die Größe des fertigen Bodenteils beträgt ein Drittel einer Tüte. Dafür die Tüte der Länge nach, mit der Motivseite nach unten, hinlegen und von beiden Seiten ein Drittel der Folie nach innen falten, so dass die äußeren Kanten geschlossen sind. Mit doppelseitigem Klebeband fixieren.

5. Für die Henkel vier 6 cm breite Streifen zuschneiden und der Länge nach, wie zuvor beim Boden, zweimal zur Mitte hin falten. Je zwei dieser Streifen ergeben einen Henkel. Diese an der Übergangstelle ineinander legen und mit doppelseitigem Klebeband unsichtbar fixieren. Zusätzlich in der Mitte der Länge nach mit der Nähmaschine zusammennähen.

6. Um die Tasche zusammenzunähen, ein Seitenteil quer vor sich legen, das Bodenteil ebenso quer an die untere Kante des Seitenteils mittig anlegen. Beide Teile mit einem Klebestreifen fixieren, damit das Nähen später leichter fällt. Mit der Nähmaschine die beiden Teile etwa 0,5 cm vom Rand entfernt zusammennähen. Ebenso mit dem zweiten Seitenteil verfahren. Die Verbindungsnaht der Seitenteile mit dem Boden ist von außen sichtbar; d. h. die Schnittkanten der Teile zeigen später nach außen.

7. Die Seiten 0,5 cm von der Kante entfernt zusammennähen. Dabei die Tasche so legen, dass die spätere Außenseite innen liegt. Die Tasche am oberen Rand etwa 2 cm umschlagen. So ergibt sich ein schöner Saum. Diesen ebenfalls festnähen. Die Tasche wenden und noch die schmalen Seitenteile am Boden festnähen. Zum Schluss die Henkel mit Flachnieten an der Tasche befestigen.

Tipp: Vor dem Zusammennähen die einzelnen Teile mit doppelseitigem Klebeband fixieren, so kann nichts verrutschen.

Material

- 6 leere Kaffeetüten
- 4 Flachnieten
- Nähmaschine
- Nähgarn in Grün
- doppelseitiges Klebeband
- Lineal, Schere

Modell 15, Vorlage auf Seite 85

Tomatenpüree
SALSA
ALL'
ITALIANA
NAPOLI
Bellarom
Costa Rica
Tarrazú
100%
Highland
Arabica-Quality
GANZE BOHNEN
WHOLE BEANS

Hier kommt alles aus der Tüte!

Ist das nicht eine tolle Art von Recycling? Aus kleinen Getränketüten werden hippe Taschen genäht. Ein farblich passender Stoff stabilisiert das Ganze. Und für welche Motive Sie sich entscheiden, bleibt Ihnen überlassen. Die Auswahl ist ja groß genug!

Löwentasche

1. Aus den leeren Getränketüten die Böden ausschneiden. Die Tüten säubern (das geht auch in der Spülmaschine). Für die Henkel aus fünf Tüten längs je zwei gleiche Streifen schneiden.

2. Aus dem Stoff zwei Taschenteile in der Größe 38 x 28 cm zuschneiden, ein Zwischenteil mit einer Größe von 10 x 68 cm, zwei Henkel von 7 x 96 cm sowie zwei Einfassstreifen von 38 x 6 cm und zwei Einfassstreifen von 80 x 2 cm. Dabei jeweils 1 cm Nahtzugabe berücksichtigen.

3. Die Getränketüten mit Sprühfixierer gemäß Schemazeichnung auf Seite 86 auf den Stoffteilen 1 cm überlappend fixieren. Am Zwischenteil in der unteren Mitte ein 8 cm langes Tütenteil verwenden. Für die Henkel die Tütenstreifen mittig 1 cm überlappend auf den Stoffstreifen fixieren.

4. Knappkantig und füßchenbreit zunächst quer, dann längs alle Tüten auf die Taschenteile steppen. Alle Zugaben außer an den Henkeln entlang den äußeren Tütenkanten abschneiden. Die Rundungen gemäß Schemazeichnung schneiden.

5. Die oberen Kanten der Taschenteile 2,5 cm breit, dann die Kanten der Taschenteile zusammen mit dem Zwischenteil 1 cm breit mit jeweils 0,5 cm Einschlag einfassen.

6. Die langen Stoffkanten der Henkel nach vorn 1 cm breit mit 1 cm Einschlag umlegen und feststeppen. Die Henkelenden über eine Länge von ca. 8 cm beidseitig leicht schräg auf die Außenseiten der Tasche mit doppelter Naht aufsteppen, ca. 6 cm vom seitlichen Rand entfernt.

Cherry-Tasche

1. Aus den leeren Getränketüten die Böden ausschneiden. Die Tüten säubern (das geht auch in der Spülmaschine). Für die Henkel aus vier Tüten längs je drei gleiche Streifen schneiden.

2. Aus rotem Stoff zwei Taschenteile von 28 x 41,5 cm zuschneiden, zwei Zwischenteile von 10 x 41,5 cm, ein Bodenteil von 10 x 28 cm, zwei Henkel von 5,5 x 62 cm. Außerdem zwei Einfassstreifen von 28 x 6 cm, vier Streifen von 41,5 x 2 cm sowie einen Streifen von 76 x 2 cm zuschneiden. Jeweils 1 cm Nahtzugabe zugeben.

3. Die Getränketüten mit Sprühfixierer gemäß Schemazeichnung auf den Stoffteilen 1 cm überlappend fixieren. Für die Henkel die Tütenstreifen mittig ebenfalls 1 cm überlappend auf den Stoffstreifen fixieren.

4. Knappkantig und füßchenbreit zunächst quer, dann längs alle Tüten auf die Taschenteile steppen. Alle Zugaben außer an den Henkeln entlang den äußeren Tütenkanten abschneiden.

5. Die oberen Kanten der Taschenteile 2,5 cm breit, dann die Längskanten der Taschenteile zusammen mit den langen Zwischenteilen 1 cm breit, zum Schluss den Boden zusammen mit Taschen- und Zwischenteilen 1 cm breit jeweils mit 0,5 cm Einschlag einfassen.

6. Die langen Stoffkanten der Henkel nach vorn 1 cm breit mit 1 cm Einschlag umlegen und feststeppen. Die Henkelenden über eine Länge von ca. 6 cm beidseitig auf die Außenseiten der Tasche mit doppelter Naht aufsteppen, ca. 6 cm vom seitlichen Rand entfernt.

Material

Löwentasche
- Leichter Stoff mit Felloptik, 140 cm breit, 0,5 m lang
- 32 Getränketüten
- Nähmaschine
- Nähgarn in Hellbraun
- Sprühfixierer
- Schere

Cherry-Tasche
- Baumwollstoff in Rot, 110 cm breit, 0,5 m lang
- 30 Getränketüten
- Nähmaschine
- Nähgarn in Rot
- Sprühfixierer
- Schere

Modelle 16 und 17, Vorlagen auf Seite 86 und 87

Die Milch macht's

Wer hätte gedacht, dass aus ganz gewöhnlichen Milchtüten so eine originelle und stabile Tasche entstehen kann! Sie hält einiges aus und kann nicht nur beim nächsten größeren Einkauf gute Dienste leisten.

1. Von den Milchtüten den Deckel unterhalb der Klebestelle der Verschlusslasche und den Boden abschneiden, die Naht aufschneiden und die geklebte Doppelnaht vorsichtig abtrennen.

2. Mit dem Cutter 2 cm breite Streifen zuschneiden (ergibt insgesamt 162 Stück) und mit doppelseitigem Klebeband an den schmalen Seiten zusammenkleben. Insgesamt werden 21 lange Streifen benötigt, die aus vier Streifen zusammengeklebt sind, sowie 26 kürzere Streifen, die aus drei Streifen zusammengeklebt sind.

3. 15 der 21 Viererstreifen nebeneinander legen. Nun für den Boden und die schmalen Seitenteile sechs Viererstreifen in der Mitte der 15 Viererstreifen einweben. Darauf achten, dass die Streifen immer eng aneinander liegen.

4. Nun sind noch 26 Dreierstreifen übrig. Davon ober- und unterhalb der zuvor eingewebten Viererstreifen je zwölf Dreierstreifen einweben. Diese ergeben später die breiten Seitenteile.

5. Die Arbeit umdrehen und auf den jeweils zwölften, zuvor eingewebten Streifen einen Dreierstreifen legen, also einen auf jede Seite.

6. Die überstehenden Streifen der breiten Seitenteile nun in Richtung Boden einweben. Die breiten Seiten sowie der Boden der Tasche sind nun fertig.

7. Die Seitenteile hochklappen und die Streifen des schmalen Seitenteils mit den Streifen des breiten Seitenteils verweben. Alle überstehenden Reste nach innen verweben. Ebenso das zweite schmale Seitenteil arbeiten.

8. Zum Schluss zwei Trageriemen aus blauem Spanngurt von 80 cm Länge mit Nieten an der Tasche befestigen. Da die Tasche in alle Richtungen mehrfach gewebt ist, ist sie äußerst stabil.

Tipp: Wenn die Streifen an den Enden schräg angeschnitten werden, sind sie leichter zu verweben.

Material

- 20 leere Milchtüten
- Spanngurt in Blau, 1,60 m lang
- Schere
- doppelseitiges Klebeband
- Lineal
- Hammer

Modell 18

MILK MILK
1/2
1/2
Canestrelli
H Vollmilch
ultrahocherhitzt
1 Liter
H Vollmilch ultrahocherhitzt homogenisiert, 3,5% Fett
ungeöffnet mindestens haltbar bis: siehe Lascherprägung
100 ml H Vollmilch enthalten durchschnittlich:
Brennwert: 267 kJ 64 kcal

Appetitlich und sportlich

Hier finden Sie weitere Taschen aus Lebensmittelverpackungen. Tolle Effekte ergeben sich bei der Verwendung von Tetrapaks. Und so richtig zum Anbeißen sieht die Tasche aus Schokoladenpapieren aus. Vollmilch, Cocos oder Marzipan – welche Geschmacksrichtung darf's denn sein?

„Grüner Tee“

1. Bei beiden Tetrapaks den oberen Rand abschneiden und diese an der Rückseite unterhalb des Falzes aufschneiden.

2. Beim ersten Tetrapak die Rückseite in der Mitte senkrecht bis zum Boden aufschneiden und an den beiden Bodenseiten bis zum Rand aufschneiden. Diese beiden „Türchen“ werden später beim zweiten Tetrapak innen festgeklebt.

3. Beim zweiten Tetrapak zuerst die Rückseite an den äußeren Seitenkanten bis zum Boden einschneiden. Diese Rückseite innen auf den Boden des anderen Tetrapaks kleben. Diese dafür passend schneiden.

4. Nun die beiden Tetrapaks nebeneinander stellen und zusammenkleben. Den oberen Rand der Taschenöffnung mit schwarzem Gewebeband umkleben.

5. Mit dem Ösenwerkzeug jeweils in der Mitte der Schraubverschlüsse ein Loch von 1 cm Durchmesser bohren, so dass der Gummischlauch gerade durchpasst. Den Gummischlauch an den Enden mit der Lochzange lochen, durch die Öffnungen an den Verschlüssen stecken und von innen Schrauben durch den gelochten Schlauch drehen. So kann er nicht wieder herausrutschen.

6. Ein etwa 2 x 8 cm großes Stück aus dem restlichen Tetrapak zuschneiden und mit einer Flachniete auf einer Seite an der Taschenöffnung in der Mitte befestigen. Zum Schluss das selbstklebende Klettband nach Wunsch zuschneiden und aufkleben.

Schokoladentasche

1. Die Schokoladenverpackungen in der gewünschten Reihenfolge in den Laminierfolien anordnen und laminieren.

2. Aus den Laminierfolien die fünf Taschenteile für Boden und Seitenteile ausschneiden. Anschließend mit der Nähmaschine die Kanten sorgfältig aufeinander steppen.

3. Mit der Lochzange ca. 1–2 cm unterhalb des oberen Randes zwei Löcher stanzen. Die Kordel in gewünschter Länge durchziehen und an den Enden verknoten.

Material

„Grüner Tee"
- 2 leere Tetrapaks „Grüner Tee"
- selbstklebendes Klettband
- Flachniete, Ø 1,5 cm
- Gummischlauch in Grün, Ø 1 cm, 90 cm lang
- 2 Schrauben
- selbstklebendes Gewebeband in Schwarz
- Schere
- Alleskleber, extra stark
- Ösenwerkzeug oder großer Nagel
- Hammer
- Lochzange

Schokoladentasche
- Schokoladenverpackungen
- Kordel in Gold/Silber
- Nähmaschine
- dünne Laminierfolie
- Laminiergerät (Copy-Shop)
- Schere, Lochzange

Modelle 19 und 20

Die neueste Masche

Jeder kennt sie und doch hat sie in dieser Form noch niemand gesehen: So sind Einkaufstüte und Wäscheleine auf den ersten Blick kaum wiederzuerkennen und bewirken auf den zweiten Blick ein echtes Aha-Erlebnis.

Tasche aus Einkaufstüten

1. Aus den Plastiktüten eine Endlosschnur von ca. 1–1,5 cm Breite schneiden und zu einem Knäuel aufwickeln.

2. Für den Boden vier Luftmaschen anschlagen und mit einer Kettmasche zum Ring schließen. Nun in der ersten und zweiten Runde in jeder Masche des Rings zwei feste Maschen häkeln. In der dritten Runde in jede dritte feste Masche zwei feste Maschen häkeln. In der vierten und fünften Runde verteilt vier Maschen zunehmen, d. h. in vier feste Maschen zwei feste Maschen häkeln. Von der sechsten bis zur letzten Runde (je nach gewünschter Größe des Bodens) verteilt sechs feste Maschen zunehmen.

3. Die Seiten ohne weitere Maschenzunahmen häkeln. In der gewünschten Höhe der Tasche die Henkel häkeln. Dafür die Maschenanzahl durch vier teilen. Bei dem ersten Viertel je eine feste Masche in jede feste Masche häkeln. Für den ersten Henkel über das zweite Viertel Luftmaschen (je nach gewünschter Henkellänge) hinweghäkeln. Das dritte Viertel wie das erste arbeiten und das vierte Viertel wie das zweite häkeln. Nun so viele Runden anschließen, wie für die Breite der Henkel gewünscht werden.

Tipp: Die Häkelschnur kann auch aus vielen verschiedenen Einkaufstüten hergestellt werden. Oder Sie variieren den Schnitt, indem Sie eine rechteckige Form, wie auf Seite 59 zu sehen, wählen.

Tasche aus Wäscheleinen

1. Zehn Luftmaschen anschlagen. In jede Luftmasche eine feste Masche häkeln. In die Anfangsmasche vier feste Maschen häkeln und die Luftmaschenreihe auf der anderen Seite mit festen Maschen wieder zurückhäkeln. In die letzte Luftmasche wieder vier feste Maschen häkeln. Dann den Boden rundhäkeln. Dabei in jede feste Masche eine feste Masche und in die vier festen Maschen am Ende jeweils zwei feste Maschen häkeln. Auf diese Weise insgesamt drei Runden für den Boden häkeln.

2. Die Seiten häkeln, indem in jede feste Masche eine feste Masche gehäkelt wird ohne weitere Maschenzunahme. Ist ein Farbabschnitt fertig gestellt, die nächste Leine in einer anderen Farbe anknoten und weiterhäkeln. Für die Henkel in der letzten Runde jeweils in der Mitte der Seitenteile über sieben Maschen hinweg ca. 14 Luftmaschen häkeln (je nach gewünschter Henkellänge).

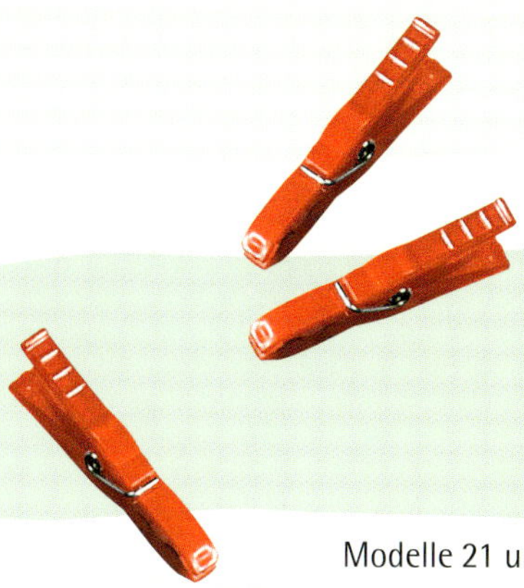

Material

Tasche aus Einkaufstüten
- 3 Plastiktüten
- Schere
- Häkelnadel Nr. 7

Tasche aus Wäscheleinen
- Wäscheleine in verschiedenen Farben
- Häkelnadel Nr. 10

Modelle 21 und 22

Rund und bunt

Aus bunten Holzperlen lassen sich nicht nur Ketten und Armbänder, sondern auch Taschen fertigen. Dies geht ganz einfach mit Hilfe von Blumendraht. Besonders fetzig wirkt die Tasche, wenn Sie Perlen in vielen verschiedenen Farben und ganz unterschiedlichen Formen verarbeiten.

1. Die Perlen auf den festen Blumendraht zu einer langen Perlenschnur fädeln (ca. 10 m, je nach gewünschter Taschengröße).

2. Mit etwa 2 m Perlenschnur einen ovalen Boden legen und diesen mit dem dünnen Blumendraht webend verbinden.

3. Für die Taschenwände immer eine Runde legen und diese mit dem dünnen Blumendraht fest verknüpfen, bevor die nächste Runde darüber angelegt wird. Etwa alle 5–7 cm den dünnen Blumendraht zum Einsatz bringen.

4. Für die Henkel zwei ca. 40 cm lange feste Drahtstücke abknipsen und das eine Ende an der obersten Reihe befestigen. Perlen auffädeln und das andere Ende sorgfältig fixieren.

Material

- Große Dose Holzperlenmix
- feiner Blumendraht
- fester Blumendraht
- Zange

Modell 23

Edles aus Perlen

Diese Tasche lässt tief blicken! Sie wird aus Draht gehäkelt und durch Swarovski®-Perlen, Glasperlen und Rocailles in hellen Grüntönen veredelt. Gehäkelt ist sie nur mit festen Maschen und Luftmaschen.

1. Zuerst die verschiedenen Perlen gemischt auf den dünnen Blumendraht auffädeln. In jede gehäkelte Masche jeweils eine Perle aufnehmen.

2. Je nach gewünschter Größe der Tasche ca. zehn Luftmaschen anschlagen. In jede Luftmasche eine feste Masche häkeln. In die Anfangsmasche vier feste Maschen häkeln und die Luftmaschenreihe auf der anderen Seite wieder zurückhäkeln. In die letzte Luftmasche wieder vier feste Maschen häkeln. Dann den Boden rundhäkeln. Dabei in jede feste Masche eine feste Masche und in die vier festen Maschen am Ende jeweils zwei feste Maschen arbeiten. Auf diese Weise insgesamt mit ca. vier Runden (je nach gewünschter Größe) den Boden häkeln.

3. Für die Seiten in jede feste Masche eine feste Masche häkeln ohne weitere Zunahmen. Ist die gewünschte Höhe erreicht, die Deckelklappe über die Hälfte der Maschen häkeln, bis sie ca. ein Drittel der Vorderseite überdeckt. Eine große Glasschliffperle mit Draht an der Taschenvorderseite befestigen und eine Reihe Luftmaschen in der Mitte des Deckels als Schlaufe für die Schließe der Tasche häkeln.

4. Für den Henkel eine Reihe Luftmaschen je nach gewünschter Länge von einer Seite zur anderen häkeln. Die Enden der Henkel im Inneren der Tasche verwahren.

Material

- Dünner Blumendraht, geglüht
- verschiedene Glasperlen, Glasschliffperlen, Swarovski®-Kristall-Schliffperlen, Rocailles in Hellgrün
- Schmuckhäkelnadel
- Schere

Modell 24

Auf zum Strandpicknick!

Lust auf Picknick machen diese Strandtaschen in frischen Pastellfarben, dekoriert mit originellen Plastikartikeln oder Kunstblüten, die von einer Hawaii-Blütenkette stammen. Zwei echte Hingucker im Schwimmbad oder am Badestrand. Aloha!

Hawaii-Badetasche

1. Von der Hawaii-Blütenkette jeweils drei Blüten abnehmen und auf einen Chenilledraht ziehen. Den Draht oben so verdrehen, dass die Blüten nicht mehr herausrutschen können. Das andere Ende des Drahtes mehrmals durch die Maschen der Basttasche stecken und wieder zurückführen – so, als würde man einen Knopf annähen. Zwischen Blüten und Tasche den Draht so verdrehen, dass er nicht mehr zu sehen ist. Ggf. den Draht etwas kürzen.

2. Auf diese Art und Weise so viele Blumen wie gewünscht an der Tasche befestigen.

Grüne Picknicktasche

1. Auf die Bürofolie mit Permanent-Filzstift ein Rechteck von 17 x 21 cm aufzeichnen und ausschneiden. Alle vier Seitenränder im Abstand von ca. 1,5 cm lochen. Das Folienrechteck mit Stecknadeln auf der Tasche fixieren.

2. Das Rechteck mit Satinband mit Hilfe der Sticknadel überwendlich auf die Tasche nähen. Dabei das Band jeweils durch die Löcher der Bürofolie führen und für jede Seite ein Satinband in einer anderen Farbe verwenden.

3. Bevor das Rechteck vollständig aufgestickt ist, durch die letzte kleine Lücke das Besteck und den Cocktailfisch hinter die Folie schieben. Die Lücke schließen und die Bandenden in den Ecken zu Schleifen binden.

Tipp: Statt des Plastikbestecks und des Cocktailfisches können natürlich auch andere originelle Objekte verwendet werden.

Material

Hawaii-Badetasche
- Basttasche in gewünschter Farbe
- Hawaii-Blütenkette
- Chenilledraht
- Schere

Grüne Picknicktasche
- Große Basttasche in gewünschter Farbe
- Plastikbesteck
- Cocktailfisch aus Plastik
- Bürofolie
- Permanent-Filzstift
- Stecknadeln
- Satinbändchen in vier Farben, je 3 mm breit
- Sticknadel
- Lochzange
- Schere
- Lineal

Modelle 25 und 26

Muh – da jubelt nicht nur die Kuh

Ländlicher Charme gepaart mit Plastik ergibt tolle, trendige Taschen im Wiesendesign. Anstelle der Blüten, Käfer und Schmetterlinge können auch kleine Kuhglöckchen auf den Taschen angebracht werden.

Kuhfell und Kunstrasen

1. Das Kunstrasenquadrat in der Mitte umbiegen, Löcher in die Seiten stanzen und mit Taftband von oben nach unten verbinden. Die Enden des Bandes verknoten und abschneiden.

2. Für die Innentasche Kuhfellstoff in der Größe 28 x 30 cm zuschneiden. Mittig falten, so dass die rechten Seiten des Stoffes aufeinander liegen. Nun die Seiten mit der Nähmaschine zusammennähen. Die obere Kante einmal nach außen umschlagen und festnähen. Die Innentasche in die Grastasche hineinstecken und mit dem Perlonfaden von Hand am Taschenrand festnähen.

3. Für die beiden Henkel jeweils 6 x 35 cm aus dem Kuhfellstoff zuschneiden. In der Hälfte falten, so dass der Stoff rechts auf rechts liegt, und die Längsseiten zusammennähen. Mit Hilfe eines langen Stabes, z. B. des Stiels eines Kochlöffels, den Stoff wenden, so dass die rechte Seite nach außen kommt. Die Henkel am oberen Taschenrand von außen mit einigen Stichen von Hand festnähen.

4. Zum Schluss die Blüten-Streuteile mit Draht an der Tasche befestigen.

Blumenwiese

1. Aus dem Kunstrasen folgende Teile zuschneiden: zwei Seitenteile mit 45 x 30 cm, zwei Henkel mit 50 x 4 cm und ein Boden-Seitenstück mit 105 x 12 cm.

2. Mit Hilfe der Lochzange an drei Kanten der großen Seitenteile und an den Längsseiten des Boden-Seitenstücks Löcher stanzen (siehe Abbildung). Alle Teile an den Seiten mit Satinband zusammennähen.

3. Die Henkel mit zwei Löchern an jedem Ende versehen. Am oberen Rand der Tasche jeweils zwei Löcher stanzen und die Henkel mit Schleifen aus Satinband fest anbinden.

4. Zum Schluss die Blüten, Schmetterlinge und Käfer je nach Geschmack mit Heißkleber sorgfältig auf der Tasche befestigen.

Material

Kuhfell und Kunstrasen
- Kunststoffrasenplatte, 30 x 30 cm
- Taftband in Apfelgrün, 2 m lang
- Stoff „Kuhfell", 35 x 40 cm
- Blüten-Streuteile
- Kochlöffel
- Draht
- Nähmaschine
- Schere, Nadel
- Nähgarn
- Perlonfaden

Blumenwiese
- Kunstrasen
- schmales Satinband in Hellgrün
- Stopfnadel mit großem Öhr
- Heißkleber
- Schere
- Lochzange
- Maßband
- Blütenköpfe in Weinrot, Orange und Creme
- Steckkäfersortiment
- Federschmetterlinge

Modelle 27 und 28

Wie vom Designer

Diese Tasche mit bunten CDs ist ein wahrer Hingucker. Sie können dafür auch ausrangierte CDs verwenden und diese hübsch bekleben, z. B. mit Fotos vom letzten Sommerurlaub oder bunten Ausrissen aus Zeitschriften – so wird die Tasche ganz schnell zum kreativen Zeitungsständer.

1. Zuerst den Korb arbeiten. Er besteht aus einem Stück, das wie ein Kreuz aussieht (siehe Schemazeichnung auf Seite 88).

2. Die Tasche hat eine Höhe von 19, eine Tiefe von 10 und eine Breite von 28 Gitterlöchern. Das benötigte Drahtstück ist 48 Gitterlöcher breit und 66 Gitterlöcher lang. Hinzu kommt eine Zugabe von einem Gitterloch auf jeder Seite, damit man die Seiten miteinander verbinden und die Drahtenden gut „versäubern" kann.

3. Mit der Drahtzange das Grundgerüst der Tasche zuschneiden. Dabei jeweils an den Seiten Draht zum Verbinden lassen. Die Seitenteile nach oben biegen und an den Kanten mit der Spitzzange miteinander verdrahten. Die Drahtenden am oberen Rand nach innen umbiegen, damit man sich nicht verletzen kann.

4. Die CDs nun farblich abwechselnd am Korb befestigen. Dazu zwischen Schraube und Schlüsselmutter je eine Unterlegscheibe anbringen, damit die Schraube nicht durch das Loch der CD rutschen kann. Nun die CD am Korb platzieren, dabei die Schraube im Korbinneren und die Mutter außen auf der CD befestigen und festschrauben.

5. Die beiden Gummischläuche an den Enden mit der Lochzange lochen und die Karabiner durch das Loch stecken. Die Henkel mit den Karabinern am Korb befestigen (siehe Foto).

Tipp: Wenn Sie keinen Lampendraht bekommen, dann können Sie auch Hasendraht aus dem Baumarkt verwenden und die Größenangaben entsprechend anpassen.

Material

- 8 CD-ROMs in Rot
- 8 CD-ROMs in Orange
- 16 Schrauben, ca. 2,5 cm lang
- 16 Schlüsselmuttern (passend zu den Schrauben)
- 32 Unterlegscheiben, Ø 2 cm
- Lampendraht
- Gummischlauch, Ø 0,5 cm, ca. 80 cm lang
- 4 Karabinerhaken
- Lochzange
- kleine Spitzzange
- Schraubenzieher
- Drahtschere

Modell 29, Vorlage auf Seite 88

Filz bringt Farbe

Ein tolles Material, um Taschen herzustellen, ist kräftiger Wollfilz. Er ist robust und intensive Farben sorgen für gute Laune. Viel Spaß macht die Zaubertasche aus Filzstreifen. Sie kann wachsen und schrumpfen, je nachdem wie viele Filzstreifen Sie mit Reißverschlüssen verbinden.

Tasche aus Filzstreifen

1. Zwischen je zwei Filzstreifen einen Reißverschluss nähen. Dabei können neben schwarzen, auch weiße und graue Reißverschlüsse zum Einsatz kommen. Die Reißverschlüsse sollen deutlich sichtbare Bestandteile der Tasche sein.

2. Das Taschenteil links auf links quer zur Hälfte falten. An beiden Seiten knappkantig absteppen.

3. In jeden Filzstreifen mittig ca. 2 cm ab oberer Kante je eine Öse gemäß Packungsbeilage stanzen, die Kordeln durchziehen und im Tascheninneren gut verknoten.

Runde Filztasche

1. Die Vorlage auf Transparentpapier übertragen und ausschneiden. Auf die Filzplatten übertragen und jeweils zweimal zuschneiden.

2. Zuerst die Rechtecke der Länge nach zusammennähen. Dann das rechteckige Mittelstück zwischen die beiden Kreise steppen und gemäß Vorlage die Tascheneingriffe ausschneiden.

3. Zum Schluss Blumen und Stängel aus Bastelfilz ausschneiden und mit Heißkleber auf die Tasche kleben. In die Blütenmitte Glitzerpunkte mit Glamour-Glitter setzen.

Tipp: Anstelle von Blumen und Stängeln können natürlich auch andere Motive aus Filz aufgeklebt werden. Sehr schön wirken auch Schmetterlinge in bunten Farben.

Material

Tasche aus Filzstreifen
- Filzstreifen aus kräftigem Wollfilz in Gelb, Pink, Orange, Violett und Rot, je 50 cm
- 4 teilbare Reißverschlüsse in Weiß, Grau und Schwarz, je 50 cm lang
- 10 Ösen mit Scheiben, Ø 5 mm
- Nähmaschine
- passendes Nähgarn
- Kordeln in Pink und Orange

Runde Filztasche
- 2 Filzplatten in Pink, 4 mm stark
- Filzplatte in Gelb, 4 mm stark
- Bastelfilz in Hellgrün, Hellblau, Gelb, Orange und Aubergine
- Marabu-fun & fancy Glamour-Glitter in Orchidee, Orange, Flieder und Türkis
- Nähmaschine
- passendes Nähgarn
- Heißkleber
- Schere
- Pauspapier, Bleistift

Modell 30, Modell 31, Vorlage auf Seite 89

Von einer Verwandlung ...

... erzählt diese wunderschöne Tragetasche. Aus der kleinen nimmersatten Raupe auf der einen Seite wird im Handumdrehen auf der anderen Taschenseite ein wunderschöner Schmetterling. Raupe und Schmetterling werden jeweils mit der Nadel gefilzt.

1. Die Filzplatten nach den Vorgaben der Vorlage zuschneiden. Die beiden Seitenteile mit dem Knopflochstich bis zur Markierung aneinander nähen. Dann jeden einzelnen Henkel mit dem Knopflochstich versäubern. Nun den Boden ebenfalls mit dem Knopflochstich zwischen die beiden Seitenteile nähen.

2. Raupe und Schmetterling von der Vorlage mit Schneiderkreide auf die Taschenseiten übertragen. Nun die Zeichnungen, wie auf den Fotos zu sehen, mit bunter Märchenwolle ausfüllen. Hierfür Schaumstoff in die Tasche stecken und wenig Märchenwolle in den jeweiligen Farben in die Raupen- bzw. Schmetterlingsform legen. Mit der Filznadel senkrecht einstechen und diese wieder senkrecht herausziehen. An der Filznadel befinden sich feine Widerhaken, die beim Einstechen in die Wolle Haare nach unten transportieren. Durch schnelles und wiederholtes Einstechen der Filznadel verdichtet sich die Wolle und verfilzt dabei.

Material

- 3 Filzplatten in Gelb, 4 mm stark
- Märchenwolle in Hellblau, Dunkelblau, Hellgrün, Rosa, Weiß, Braun, Rot und Schwarz
- Filznadel
- Schneiderkreide
- Nähnadel
- Stickgarn in Gelb
- Schaumstoffunterlage
- Schere

Modell 32, Vorlage auf Seite 90 – 92

Naturbursche oder Großstadtpflanze?

Der knallrote Rucksack mit Edelweißmotiv wird Wanderfreunde begeistern, findet aber auch seine Fans im Großstadtdschungel! Übrigens: Das tolle Edelweiß können Sie mit der Nadel selbst filzen und mit gelben Holzperlen schmücken.

1. Von den Motivteilen der Vorlage Schablonen herstellen. Das große und kleine Bodenoval jeweils einmal, das Klappenteil zweimal auf roten Filz übertragen und ausschneiden. Außerdem jeweils zwei 5 x 60 cm große Filzstreifen für den Riemen und einen 33 x 85 cm großen Filzstreifen für die Außenseiten zuschneiden.

2. Die beiden schmalen Streifen knappkantig aufeinander nähen, die beiden Klappenteile mit jeweils 1 cm Abstand zur Außenkante ebenfalls zusammennähen. Die Außenkante anschließend rundherum mit der Zackenschere zuschneiden. An die gerade Kante der Klappe ein Riemenende mittig annähen – es ragt dabei 2 cm in die Klappenfläche hinein.

3. Das Klappenteil mit der geraden Kante so in die Mitte einer Längskante des großen Streifens legen, dass die gerade Seite mit dem Riemen 6 cm Abstand zur Längskante hat. Die Klappe nun an ihrer geraden Kante aufnähen. Dafür erneut in der bereits vorhandenen Naht steppen. Eine zweite Naht mit 1 cm Abstand zur ersten Naht setzen.

4. Den großen Streifen zum Ring schließen. Dazu den Streifen – Klappe und Riemen liegen obenauf – an den kurzen Enden 2 cm breit zusammennähen. Die Naht auseinander bügeln und beidseitig in je 1 cm Abstand nochmals abnähen. Den Ring wenden.

5. Mit 2,5 cm Abstand zur Oberkante die Ösen gleichmäßig verteilt nach Packungsanleitung in das Ringteil stanzen. Nun das lose Riemenende senkrecht zur Unterkante führen. Gut 1 cm breit überstehen lassen und feststecken. Das größere Bodenoval füßchenbreit an die Unterkante des Ringes nähen. Dabei das Riemenende mit einfassen.

6. Ein 10 cm langes Kordelstück zu einer Schlinge legen und von Hand in die Klappenmitte nähen, den Knopf 14 cm unterhalb der Nietenkante an die mittlere Vordernaht des Rucksackes. Die Kordel durch die Ösen ziehen, die Enden mit Knoten sichern. Das kleine Filzoval auf den dicken Karton kleben, diesen in Form schneiden und als Boden in den Rucksack legen.

7. Das Edelweiß auf einen mit Rupfen bespannten Styroporblock übertragen und, wie auf Seite 46 beschrieben, mit der Nadel filzen. Die gefilzte Blüte vorsichtig von der Rupfenschicht abziehen und von Hand auf die Rucksackklappe nähen. Mit Holzperlen ausschmücken.

Material

- Dünner Wollfilz in Rot, 50 x 160 cm
- 10 Ösen mit Scheiben, Ø 5 mm
- mittelstarke Baumwollkordel in Rot, 1,5 m lang
- Hirschhornknopf, Ø 2,5 cm
- Märchenwolle in Weiß, Gelb und Hellgrün
- ca. 12–14 Holzperlen in Gelb, Ø 4 mm
- Filznadel
- dicker Karton, ca. 20 x 30 cm
- Styroporblock (mit Rupfen bespannt), ca. 20 x 20 cm
- Nähseide in Rot und Weiß
- Transparentpapier
- dünner Karton
- Kreidestift
- Lineal
- Schere
- Klebestift
- Zackenschere
- Stecknadeln
- Nähnadel
- Nähmaschine
- Bügeleisen

Modell 33, Vorlage auf Seite 93–95

Pink Lady

Wunderbar geeignet für den Einkaufsbummel ist die schicke Filztasche in Pink mit dekorativem Kugelknopfbesatz. Die schlichte Taschenform im Stil der Siebzigerjahre bekommt durch die freche Farbe modische Aktualität.

1. Die Taschenteile von der Vorlage mit Hilfe von Transparentpapier und Bleistift abnehmen und mit dünnem Karton zwei Schablonen herstellen: einmal von der ganzen Tasche, einmal nur vom oberen Besatz. Anschließend bei beiden Teilen den Taschengriff sorgfältig mit der Schere herausschneiden.

2. Mit Hilfe der Schablonen die ganze Tasche und den Besatz jeweils zweimal auf Filz übertragen und ausschneiden. Die Taschengriffe herausschneiden.

3. Für den Einsatz einen großen Filzstreifen von 7 x 60 cm zuschneiden. Zunächst die Besatzteile gemäß Vorlage knappkantig auf die ganzen Taschenteile steppen. Die Ausschnittkanten der Taschengriffe ebenfalls absteppen. Den Einsatzstreifen an die untere Wölbung der Taschenteile stecken. Anschließend die Lagen knappkantig zusammensteppen.

4. Die Knöpfe mit jeweils 5 cm Abstand zueinander über einer Besatzteilnaht aufnähen. Eventuell an der Innenseite der Tasche einen Druckknopf anbringen.

Tipp: Einen spannenden Farbkontrast schaffen Sie, wenn Sie die Kugelknöpfe in einer anderen Farbe wählen. Entsprechend sollte auch Nähseide in dieser Farbe verwendet werden.

Material

- Dicker Wollfilz in Pink, 2 mm stark, 40 x 140 cm
- Nähseide in Pink
- 9 Kugelknöpfe in Pink, Ø 1,5 cm
- Transparentpapier
- dünner Karton
- Lineal
- Schere
- Bleistift
- Klebstoff
- Rollschneider
- Nähnadel
- Stecknadeln
- Nähmaschine
- evtl. großer Druckknopf

Modell 34, Vorlage auf Seite 96

Zebrastreifen

Für diese Umhängetasche brauchen Sie keinem Steppenbewohner das Fell über die Ohren zu ziehen. Sie müssen auch weißen Filz nicht kunstvoll bemalen, denn den gibt's schon fix und fertig. Einfach nähen – Schwänzchen nicht vergessen!

1. Aus dem schwarzen Filz zwei Rechtecke à 25 x 50 cm und ein Rechteck von 23 x 30 cm sowie einen Streifen in der Größe von 5 x 20 cm zuschneiden. Aus Zebrafilz ein Rechteck in der Größe von 23 x 30 cm zuschneiden.

2. Die beiden großen schwarzen Rechtecke knappkantig aufeinander steppen. Das mittelgroße schwarze Rechteck ebenfalls knappkantig auf das gemusterte Rechteck steppen. Das gemusterte Filzrechteck mit dem Muster nach oben mittig so an eine Schmalseite des großen schwarzen Rechteckes nähen, dass es 14 cm breit in die Fläche ragt.

3. Den Streifen hochkant mit dem Muster nach oben auflegen. Das schwarze Stück 25 cm nach oben schlagen und an den Seiten mit Stecknadeln fixieren, dann knappkantig absteppen. Anschließend die Tasche wenden.

4. Von der Kordel 20 cm abschneiden und ein Kordelende von unten in der Mitte der Taschenklappe annähen. Den schmalen Filzstreifen fransenartig einschneiden und um das lose Kordelende herumkleben.

5. Die Enden der restlichen Kordel jeweils mit Knoten sichern, dann von Hand seitlich etwa 8 cm unterhalb der Umschlagkante an der Tasche befestigen.

Material

- Zebrafilz, 25 x 30 cm
- Bastelfilz in Schwarz, 80 x 50 cm
- dicke Baumwollkordel in Schwarz, 1,5 m lang
- Nähseide in Schwarz
- Lineal
- Schere
- Klebstoff
- Nähnadel
- Nähmaschine

Modell 35

Schlicht und schön

Diese Umhängetaschen bestechen durch ihre aparte Farbgebung und klassische Form. Ein interessantes Detail ist das grafische Muster auf der Taschenklappe der kleinen Abendtasche. Die langen Schulterriemen der Umhängetasche erlauben Ihnen eine größtmögliche Handlungsfreiheit.

Abendtasche

1. Vom türkisfarbenen Filzstück einen 6 x 20 cm großen Streifen zuschneiden. Für die Verzierung der Taschenklappe ein 6 x 8 cm und ein 4 x 6 cm großes Rechteck zuschneiden. Das größere Rechteck mit 4 cm Abstand zur Kante in die Mitte einer kurzen Seite des großen türkisfarbenen Filzteiles nähen. Das kleine Rechteck mit 1 cm Überstand nach unten mittig auf das größere Rechteck steppen (siehe Foto).

2. Auf die gegenüberliegende kurze Seite die kurze Seite des lilafarbenen Filzteiles knappkantig aufsteppen. Es entsteht ein 20 x 53,5 cm großer Streifen. Diesen so auflegen, dass das türkisfarbene Feld nach oben zeigt. Die Verzierung der Klappe liegt unten!

3. Das lilafarbene Teil 20 cm nach oben umschlagen und die Seitenkanten mit Stecknadeln fixieren. Anschließend knappkantig absteppen.

4. Für den Taschenriemen die türkisfarbene Baumwollkordel in

sechs gleiche Stücke schneiden und diese zu einem Zopf flechten. Die Enden jeweils mit Knoten sichern und auf der Taschenrückseite mit einigen Stichen von Hand seitlich unterhalb der Umschlagkante befestigen.

Umhängetasche

1. Für die Riemen zwei 4 x 70 cm große Streifen zuschneiden. Aus dem restlichen Filz für das Taschenvorder- und -rückteil jeweils ein 24 x 30 cm großes Rechteck arbeiten. Für die Einsätze an Seiten und Boden zwei 5 x 24 cm große und einen 5 x 30 cm großen Streifen zuschneiden.

2. An jeweils einer Längskante der beiden Rechtecke einen Riemen anbringen. Dazu die Enden mit jeweils 5 cm Abstand zur Ober- und Seitenkante aufnähen, kreuzförmig absteppen.

3. Anschließend die Ösen nach Packungsangabe mit 2 cm Abstand zur Oberkante in gleichmäßigen Abständen zueinander in eine Taschenoberkante stanzen. Dabei die aufgesetzten Riemenenden aussparen, also nicht mit Ösen versehen.

4. Nun den Einsatz für den Boden an die beiden Taschenunterteile nähen, dann die Seitenteile einsetzen und absteppen.

Material

Abendtasche
- Dicker Wollfilz in Lila und Türkis, 2 mm stark, je 20 x 30 cm
- mittelstarke Baumwollkordel in Türkis, 7,5 m lang
- Nähseide in Lila
- Lineal
- Bleistift
- Rollschneider
- Nähmaschine
- Stecknadeln
- Nähnadel

Türkisfarbene Umhängetasche
- Dicker Wollfilz in Türkis, 2 mm stark, 40 x 70 cm
- 9 Ösen mit Scheiben, Ø 5 mm
- Nähseide in Türkis
- Bleistift
- Lineal
- Rollschneider
- Stecknadeln
- Nähmaschine
- Pauspapier, Bleistift

Modell 36 und 37

Farbe ist Trumpf

Alle Farben des Regenbogens finden sich in diesem gehäkelten Modell. Durch das Multicolorgarn entsteht der bunte Farbverlauf beim Häkeln ganz von selbst. Das ist kinderleicht!

Maschenprobe: 20 feste Maschen und 23 Reihen = 10 x 10 cm

1. Für die Tasche 121 Luftmaschen anschlagen. Die 1. feste Masche in der 1. Reihe in die 2. Luftmasche von der Nadel aus arbeiten. Insgesamt 120 feste Maschen pro Reihe häkeln. Am Anfang jeder Reihe eine Luftmasche arbeiten. Auf diese Weise 23 cm mit festen Maschen arbeiten. Faden abschneiden.

2. Für die Trageriemen 225 Luftmaschen anschlagen (= 224 feste Maschen) und vier Reihen mit festen Maschen arbeiten. Faden abschneiden und vernähen.

3. Für die Tasche die untere Schmalseite des Häkelrechteckes 26 cm nach vorn umschlagen. Anschließend den Trageriemen an den inneren seitlichen Rändern 3 cm tief feststecken.

4. Die Tasche an den seitlichen Rändern mit festen Maschen zusammenhäkeln, dabei den Trageriemen mitfassen.

5. Die obere Schmalseite für die Taschenklappe 7 cm breit nach vorn umschlagen. Für die Knopflochschlinge 1,5 cm von der vorderen Mitte entfernt den Faden anschlingen, die mittleren 3 cm mit acht Luftmaschen übergehen. Die Luftmaschenkette mit einer Kettmasche anschlingen, dann die Luftmaschenkette mit zwölf festen Maschen überhäkeln. Faden abschneiden und vernähen. Den Knopf entsprechend der Knopflochschlinge an der Vorderseite festnähen.

6. Aus dem Häkelgarn zwei 9 cm lange Quasten fertigen. Hierfür Multicolorhäkelgarn vielfach um ein rechteckiges Kartonstück von 9 cm Höhe wickeln. Mit einem Faden die Fäden am oberen Ende des Kartons zusammenfassen. Das Fadenbündel an der unteren Kante durchschneiden. Das Bündel etwa 1 cm unterhalb der oberen Kante abbinden. Das Ganze noch einmal wiederholen und die fertigen Quasten gemäß Abbildung an den Ecken gut festnähen.

Material

- 4 Knäuel Multicolorhäkelgarn in Orange-Pink-Blau
- Häkelnadel Nr. 4
- passender Knopf

Modell 38

Kuscheltaschen für besondere Anlässe

Jetzt wird's richtig kuschelig! Diese Taschen aus flauschigem Fransengarn passen sowohl zum sportlichen Freizeitlook als auch zum Abendkleid. Schöne Akzente lassen sich durch Perlen setzen, die eingehäkelt oder an der Oberkante der Tasche eingehängt werden.

Blaue Tasche

Grundmuster: 1. Runde: *1 Büschel-Stäbchen = 5 halb abgemaschte Stäbchen zusammen abmaschen; ab * wiederholen.
2. Runde: Mit 1 Kettmasche zwischen die beiden ersten Büschel-Stäbchen gehen, dann stets 1 Büschel-Stäbchen zwischen 2 Büschel-Stäbchen setzen.
Die 1. und 2. Runde einmal arbeiten, dann die 2. Runde stets wiederholen. Jede Runde beginnt mit 2 Luftmaschen als Ersatz für das 1. halb abgemaschte Stäbchen und endet mit 1 Kettmasche in das 1. Büschel-Stäbchen.

Gurtmuster: In die Luftmasche 1 Büschel-Stäbchen arbeiten,* die Arbeit mit 3 Luftmaschen wenden, in das Büschel-Stäbchen der Vorreihe wieder 1 Büschel-Stäbchen arbeiten, ab * bis zur gewünschten Länge wiederholen.

Maschenprobe: 5,5 Maschen und 6 Runden = 10 x 10 cm

1. 44 Luftmaschen anschlagen und mit 1 Kettmasche zur Runde schließen. Im Grundmuster häkeln. Nach 12 Runden ab Anschlag die Perlen gleichmäßig verteilt einhäkeln: Die Perlen auf einem separaten Faden aufreihen. *Nach einem Büschel-Stäbchen nach Belieben 3–7 Luftmaschen häkeln, 1 Luftmasche, dabei Perle einhäkeln, 3–7 Luftmaschen, dann das nächste Büschel-Stäbchen. Der Faden mit den restlichen Perlen läuft hinter der Arbeit weiter (die Perlen mitziehen), ab * wiederholen. Nach 14 Runden enden.

2. Für den Träger 1 Luftmasche und 3 Wendeluftmaschen anschlagen und im Gurtmuster häkeln. Nach Belieben enden.

3. Anschließend die Unterkante schließen. Den Träger an der Oberkante durchfädeln und dann die Enden verknoten.

Rote Tasche

Grundmuster: 1. Runde: In den Ring 9 Büschel-Stäbchen = 5 halb abgemaschte Stäbchen häkeln und zusammen abmaschen.
2. Runde: Mit 1 Kettmasche zwischen die beiden ersten Büschel-Stäbchen gehen, dann stets 2 Büschel-Stäbchen (= Doppel-

Material

Blaue Tasche
- Fransengarn in Blau, 250 g
- Häkelnadel Nr. 4
- 16 Perlen in Blau

Rote Tasche
- Fransengarn in Rot, 300 g
- Häkelnadel Nr. 4
- 24 Perlen in Rot-Schwarz

Dunkelblaue Tasche
- Fransengarn in Dunkelblau, 200 g
- Häkelnadel Nr. 4
- 28 Perlen in Schwarz

Modelle 39, 40 und 41

Blütenzauber

Diese Tasche wird ausschließlich aus Papier gearbeitet. Durch die Häkelarbeit bekommt das Papiergarn eine außergewöhnliche Stabilität. Besonders attraktive Hingucker sind die bunten Papierblüten, die auf dem Taschendeckel angebracht werden.

1. Für den Boden der Tasche vier Luftmaschen anschlagen und mit einer Kettmasche zum Ring schließen. Nun in der ersten und zweiten Runde in jede Masche des Rings zwei feste Maschen häkeln. In der dritten Runde in jede dritte feste Masche zwei feste Maschen häkeln. In der vierten und fünften Runde verteilt vier Maschen zunehmen, d. h. in vier feste Maschen zwei feste Maschen häkeln. Von der sechsten bis zur letzten Runde (je nach gewünschter Größe des Bodens) verteilt sechs feste Maschen zunehmen.

2. Für das Seitenteil so viele Luftmaschen anschlagen, wie die letzte Reihe des Bodens hat. In jede Luftmasche eine feste Masche häkeln und zum Ring schließen. Diesen bis zur gewünschten Höhe, ohne Maschen zuzunehmen, häkeln.

3. Für den Deckel in der gleichen Weise wie für den Boden verfahren, jedoch zwei Runden mehr häkeln. Der Rand des Deckels wird wie das Seitenteil der Tasche gearbeitet.

4. Die Seitenteile von Deckel und Tasche an Boden bzw. Deckel mit Hilfe einer großen Stopfnadel nähen. Für den Henkel je nach gewünschter Länge Luftmaschen anschlagen und je nach gewünschter Breite mit Hin- und Rückreihen fester Maschen verbreitern. Diesen ebenfalls an die Tasche nähen.

5. An einer Seite den Deckel an die Tasche nähen. Auf die gegenüberliegende Seite als Verschluss eine Watteperle mit Papierband bekleben und an die Tasche knoten. Eine kurze Reihe mit Luftmaschen an den Deckel häkeln, die über die Watteperle gezogen wird.

6. Aus den verschiedenen Papiergarnen nach Geschmack Blüten basteln und auf den Deckel kleben.

Material

- Papierband in Hellblau
- Papiergarn, Stärke 0,16, in Rosa, Flieder, Orange und Rot
- Papiergarn, Stärke 0,8, in Lila, Gelb, Blau und Hellgrün
- Wattekugel
- Alleskleber
- Schere
- Häkelnadel Nr. 6
- Stopfnadel mit großem Öhr

Modell 43

Jeans for ever

Ausrangierte Jeanshosen lassen sich noch wunderbar zu Taschen verarbeiten. Hier finden Sie einen Einkaufshelfer aus diesem unverwüstlichen Stoff. Große Blüten, verziert mit silbernen Nieten, sorgen für Farbakzente.

1. Die Blütenblätter gemäß Vorlage zwanzigmal aus grünem Baumwollstoff zuschneiden. Mit der Sublimierkreide die Linien für die Ziernähte auf zehn Blütenblätter aufzeichnen. Diese mit einem Zickzackstich von 0,3 mm Länge und 4,5 mm Breite übernähen. Dabei etwas Stickvlies unterlegen.

2. Jeweils ein verziertes und ein einfarbiges Blütenblatt links auf links legen und die Kanten mit dem Schrägband einfassen. Das Schrägband aufklappen, an die Schnittkante stecken und in Einfassbreite aufnähen. Die gebügelten Kniffe wieder einlegen und um die Kante schlagen. Bruchkante knappkantig über der Nahtrille aufsteppen. Anfang und Ende so umschlagen, dass sich eine Spitze bildet.

3. Alle Taschenteile zweimal gemäß Schnittmuster auf Seite 97 und 98 jeweils mit 1 cm Nahtzugabe aus Jeansstoff zuschneiden. Für die Taschenvorderseite das Mittelteil e) gemäß Schemazeichnung auf Seite 98 jeweils so zwischen die Taschenteile a) und b) nähen, dass die helle Stoffseite sichtbar ist. Nahtzugaben versäubern und die Nähte mit Kontrastgarn knapp und 7 mm breit absteppen.

4. Taschenteile c) und d) jeweils mit der blauen Seite aufeinander legen und die Mittelnaht schließen. Nahtzugaben auseinander bügeln und die linke Zugabe auf 0,5 cm zurückschneiden. Die rechte Nahtzugabe 2 x 1 cm einschlagen, so dass die dunkle Stoffseite sichtbar bleibt. Nun mit dieser eingeschlagenen Seite die andere Nahtzugabe verdecken und diese mit kontrastfarbenem Garn einmal knapp und einmal 7 mm breit absteppen. Die Quernaht der jeweils oberen und unteren Taschenteile schließen und ebenfalls absteppen. Die Taschenrückseite genauso arbeiten.

5. Mit Stecknadeln die Ansatzpunkte für die Blütenblätter auf dem vorderen Taschenteil markieren. Den Dorn einer Niete von hinten durch den Jeansstoff stoßen, ein Blütenblatt an der Spitze darauf stecken und den Nietenkopf festdrücken. Die Blätter an der oberen Mitte festnähen.

6. An der Oberkante der beiden Taschenseiten die Ösen in gleichmäßigem Abstand einschlagen. Die Kordel halbieren und einfädeln. Anfang und Ende auf die seitlichen Nahtzugaben heften.

7. Auf beide Taschenteile jeweils eine komplette Lage Stoff legen. Die obere Kante verstürzen und absteppen. Die Außenkanten versäubern. Im Folgenden die beiden Stofflagen doppelt verarbeiten. Die Bodenteile doppelt legen und die Schnittkanten versäubern. Die Seitennähte schließen und den Boden einnähen.

8. Für die Träger zwei Streifen à 8 x 60 cm zuschneiden. Die Nahtzugaben ringsum einschlagen und den Streifen der Länge nach zur Hälfte legen. Die Kanten absteppen. Die Träger an den Markierungen von rechts aufnähen.

Material

- Fester Jeansstoff, 70 x 140 cm
- fester Baumwollstoff in Grün, 40 x 30 cm
- vorgefalztes Schrägband in Rot, Aufsicht 1 cm breit, 2 m lang
- Stickvlies
- 10 Nieten in Silber, Ø 1 cm
- 12 Ösen in Silber, Ø 1 cm
- Kordel in Rot, 1 m lang
- Nähgarn in Blau, Rot und Grün
- Jeansnadel, Nähmaschine
- Sublimierkreide
- Ösenzange
- Stecknadeln
- Bügeleisen

Modell 44, Vorlage auf Seite 97 und 98

Startbereit für die Sommersaison

Jetzt muss nur noch die Sonne scheinen, dann steht dem Ausflug zum Strand mit tollem Outfit nichts mehr im Wege. Werden Sie Ihr eigener Modedesigner und gestalten Sie mit einfachsten Mitteln diese äußerst raffinierten Taschen selbst!

1. Von den ausgeschnittenen Serviettenmotiven die oberste, bedruckte Schicht vorsichtig ablösen und die gewünschten Motivteile sorgfältig ausschneiden. Sie können auch seitenverkehrt verwendet werden, da das Textil-Medium die Serviettenmotive durchsichtig werden lässt.

2. Die Taschen ausstopfen, die zu beklebenden Stellen mit Textil-Medium bestreichen (Abb. 1) und die Motive vorsichtig platzieren. Mit dem Pinsel die Motive von der Mitte aus vorsichtig mit Textil-Medium überstreichen (Abb. 2). Dabei das Medium großzügig über den Rand hinausstreichen.

3. Für den Kulturbeutel Muschelbordüren abschneiden und an den oberen Muschelkanten den Konturen folgend ausschneiden. Die Bordüren auflegen und dabei berücksichtigen, dass sie sich beim Befeuchten durch das Textil-Medium etwas ausdehnen. Bei den Übergängen passend beschneiden.

4. Für die Badetasche Bordüren wie beim Beutel an oberer und unterer Kante verwenden. Außerdem Seesterne und einzelne Muscheln in der Mitte der Tasche anbringen.

5. Zur Fixierung ein Baumwolltuch auflegen und mit dem Bügeleisen ca. drei Minuten bei Baumwolltemperatur bügeln (Abb. 3). Kulturbeutel und Badetasche sind dann von Hand waschbar.

Material

- Einkaufstasche aus Baumwolle in Natur
- Kulturbeutel aus Baumwolle in Natur
- Marabu-Textil-Medium
- Servietten mit Muschel- und Seesternmotiv
- Pinsel, Schere
- Bügeleisen
- Baumwolltuch

Modelle 45 und 46

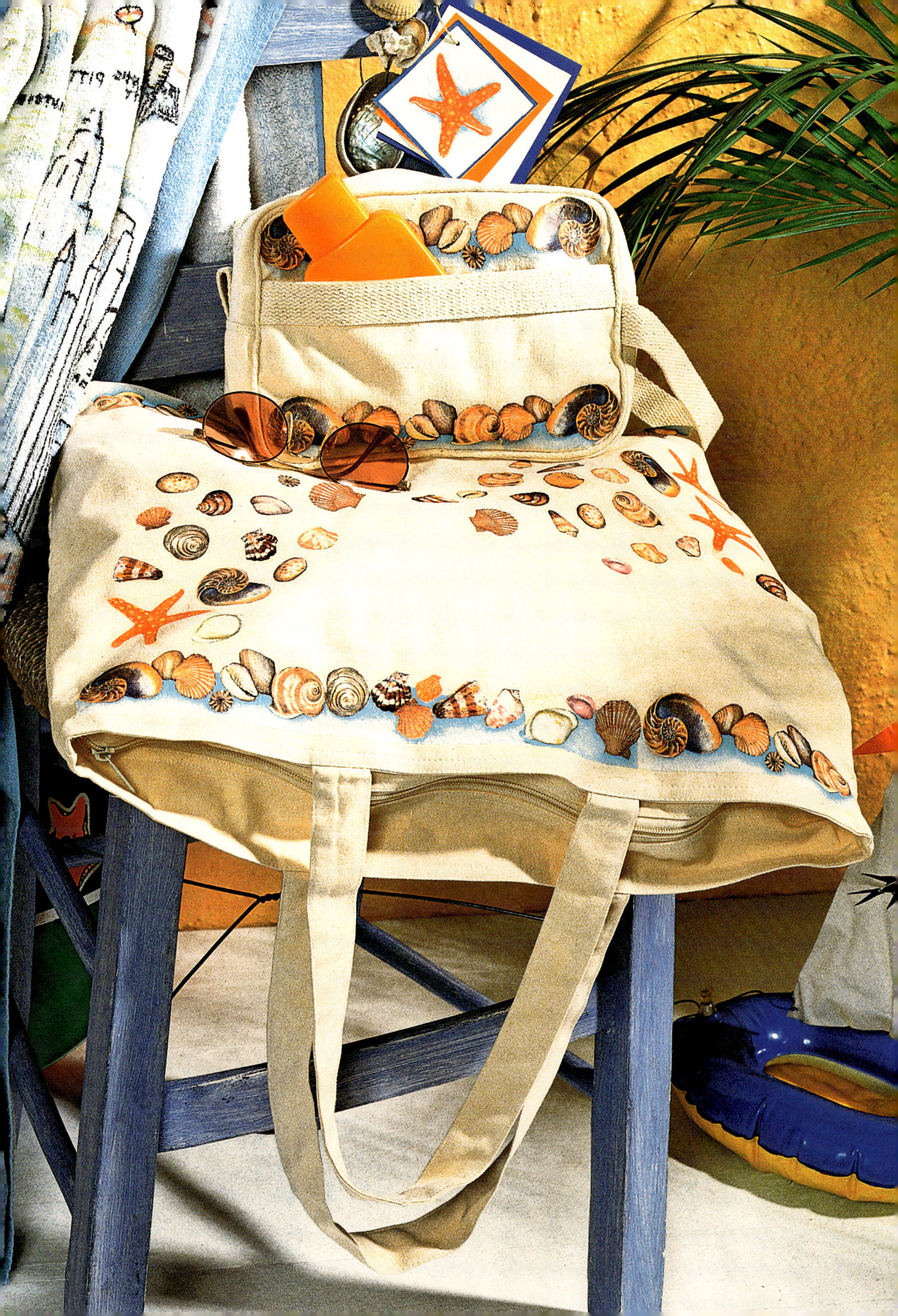

Strandgepäck

Achtung Strand, wir kommen! Diese fröhlich-bunten Taschen sind genau das Richtige fürs Strandbad, denn sie bieten viel Platz für Badeutensilien. Und in die Holiday-Tasche ist das passende Badetuch gleich integriert.

Holiday-Tasche

1. Die Tasche in der Waschmaschine nach den Angaben des Herstellers mit Textilfarbe in Hellblau einfärben.

2. Die Malunterlage auf die Vorlage legen und den Schriftzug sowie die Sonne mit Transfer-Stoffmalfarbe ausmalen. Nach dem Trocknen mit Hilfe der Bügelfolie die Aufschrift nach den Angaben in der Gebrauchsanweisung des Herstellers auf die Tasche bügeln.

3. Mit Fun Liner Magic in Gelb die Sonne umranden, Strahlen aufmalen und nach dem Trocknen nach den Angaben des Herstellers aufschäumen.

4. Das Badelaken von innen an den Reißverschluss nähen.

Streifentasche

1. Den Schnitt für Henkel und Tasche von der Vorlage auf Transparentpapier übertragen und ausschneiden, auf den Stoff legen und jeweils zweimal zuschneiden.

2. Die Henkel von links der Längskante entlang absteppen, wenden und bügeln.

3. Die Taschenteile von links aufeinander legen und die beiden Seitennähte sowie die Bodennaht absteppen. Die offenen Seitenkanten schließen. Hierfür Boden und Seiten zusammennehmen und absteppen.

4. Die Henkel mittig von innen auf die Tasche nähen.

5. Streifen mit Fun Liner Glitter in verschiedenen Farbtönen nachziehen und nach den Angaben des Herstellers die Farben fixieren.

Material

Holiday-Tasche
- Baumwolltasche mit Reißverschluss
- Badelaken
- Marabu-FashionColor in Hellblau
- Marabu-fun & fancy tex in Gelb, Reseda, Hellblau, Orange, Hellrosa, Weiß, Kirschrot, Tagesl.-Orange, Flieder, Tagesl.-Zitron, Französisch Grün, Azalee und Ultramarinblau
- Marabu-Fun Liner Magic in Mittelgelb
- Marabu-Malunterlage, DIN A3
- Marabu-Bügelpapier, DIN A3
- Nähmaschine
- farblich passendes Nähgarn

Streifentasche
- Stoff, bunt gestreift
- Nähgarn
- Marabu-Fun Liner Glitter in verschiedenen Farben
- Transparentpapier
- Bleistift
- Schere
- Nähmaschine
- Bügeleisen

Modell 47, Vorlage auf Seite 99; Modell 48, Vorlage auf Seite 100

Großer Auftritt für Knöpfe & Pailletten

Mit Hilfe verschiedener Knöpfe aus Ihrem Nähkästchen können Sie Jeans- und Baumwolltaschen effektvoll verzieren. Ganz besonders entzückend sind Motive wie der hübsche Kolibri, der mit Perlen und Pailletten gestickt wird.

Jeanstasche mit Knöpfen

1. Die Schnittteile abpausen. Das Zwischenteil für den Henkel oben in 6 cm Breite um 40 cm verlängern. Alle Teile ausschneiden. Die Schnittvorlage auf die Jeanshose übertragen (Stoffbruch beachten) und ausschneiden.

2. Alle Stoffteile mit Zickzack-Stich sichern. Vorder-, Rücken- und Zwischenteile jeweils rechts auf rechts aufeinander steppen und wenden. Die Henkel in der oberen Mitte zusammennähen.

3. Zwischen Vorder- und Rückenteil den Reißverschluss einsetzen.

In den Henkel auf beiden Seiten zwei Ösen einknipsen. Den Fashion Zipper in den Reißverschluss einhängen und zum Schluss verschiedene Knöpfe auf die Tasche nähen.

Rosentasche mit Kolibri

1. Den Schnitt für Henkel und Tasche auf Transparentpapier übertragen und ausschneiden. Anschließend auf den Stoff legen und jeweils zweimal zuschneiden.

2. Die Henkel von links an der Längskante entlang absteppen und anschließend wenden. Die Taschenteile von links aufeinander legen und die beiden Seitennähte sowie die Bodennaht absteppen. Die offenen Seitenkanten schließen, indem man Boden und Seiten zusammennimmt und absteppt.

3. Den Kolibri auf die Tasche übertragen und mit verschiedenen Perlen und Pailletten besticken.

4. Die Futtertasche auf links drehen und in die Tasche stecken. Dazwischen die Henkel stecken. Die oberen Kanten von Tasche und Futterstoff ca. 1 cm einschlagen und absteppen. Die Henkel zusammennehmen und noch einmal die Kante absteppen.

Material

Jeanstasche mit Knöpfen
- Jeanshose, mittlere Größe
- Fashion Zipper
- Ösen mit Scheiben in Silber, Ø 5 mm
- Reißverschluss, 35 cm lang
- verschiedene Knöpfe
- Stoffschere
- Nähnadeln
- Nähgarn
- Nähmaschine
- Schnittpapier
- Bleistift
- Schere

Rosentasche mit Kolibri
- Stoff mit Blumenmuster
- Futterstoff
- Transparentpapier
- Bleistift
- Schere
- passendes Nähgarn
- Nähmaschine
- Perlen und Pailletten
- Nähnadel

Modell 49, Vorlage auf Seite 101; Modell 50, Vorlage auf Seite 102 – 104

Hier wird's fernöstlich

Seide und Kimonobrokat geben diesem Modell einen asiatischen Touch. Zusätzliche Farbe kommt durch bunte Bänder ins Spiel, die wie Mikadostäbchen auf die Tasche gesteppt werden.

1. Laut Schnittskizze einen originalgroßen Schnitt herstellen. Die Grundform einmal aus Kimonobrokat, einmal aus Futterstoff und einmal aus Rosshaar mit 1 cm Nahtzugabe zuschneiden. Das Seitenteil zweimal aus Seide und Futterstoff und zweimal aus Rosshaar ebenfalls mit 1 cm Nahtzugabe zuschneiden.

2. Alle Kanten mit Zickzack-Stich gegen Ausfransen sichern. Das Rosshaar auf die linke Seite der Futterstoffzuschnitte aufkleben. Den Tascheneingriff zusätzlich noch mit Kantenband und Rosshaarstreifen von 2 cm Breite verstärken.

3. Außentaschenteil und Pappboden mit Löchern für Bodennägel versehen (siehe Schnittteil). Auf das Außentaschenteil bunte Satinbändchen steppen (siehe Foto). Dabei je eines der Bändchen als Knebelverschlussschlinge und als knapp fassendes Satinbandende zur jeweiligen Taschenöffnung in die Mitte führen.

4. Die Grundform vom Außentaschenteil rechts auf rechts legen und bis zum Tascheneingriffschlitz steppen. Dann die Seitenteile einsetzen. Die Nahtzugaben auf 5 mm zurückschneiden und einknipsen. Das Futtertaschenteil ebenso nähen. Das Außentaschenteil wenden.

5. Bodennägel durch Taschenboden und Pappe stecken und auf der Pappe mit Klebeband fixieren. Für den Knebelknopf vorbereitetes Satinbändchen durch den Knebel ziehen und festnähen. Das Futtertaschenteil links auf links in das Außentaschenteil schieben.

6. Die Nahtzugaben der Schlitzränder vom Tascheneingriff nach innen schlagen und knappkantig absteppen. Dabei die vier Trägerbandstücke à 7 cm mit den eingelegten Henkeln gemäß Markierung im Schnitt mitfassen.

Material

- Kimonobrokat, 0,45 m
- Seide, 0,15 m
- Futterstoff, 0,45 m
- Rosshaarklebeeinlage, 0,45 m
- Kantenband, 0,60 m
- bunte Satinbändchen, 3 mm breit
- Satinband in Rosa, 15 mm breit, ca. 30 cm lang
- 2 Plastikhenkel in Schwarz
- dicke Pappe, 10 x 23 cm
- 4 Bodennägel
- Knebelknopf
- Nähmaschine
- passendes Nähgarn
- Schnittpapier
- Bleistift

Modell 51, Vorlage auf Seite 105 und 106

Im Asia-Look

Grüße aus Fernost! Diese Tasche aus olivfarbenem Nylon und einem Futter aus Kimonobrokat wirkt edel und farblich zurückhaltend. Ein liebevolles Detail ist der Fellbesatz an der oberen Kante der Handtasche.

1. Gemäß Schnittskizze einen originalgroßen Schnitt herstellen. Im Folgenden jeweils 1 cm Nahtzugabe berücksichtigen. Die aufgesetzte Tasche je einmal aus Nylon, Kimonobrokat (= Futter) und Rosshaar zuschneiden. Die Tasche einmal aus Nylon zuschneiden. Für die Tasche außerdem 7 x 44 cm und 46 x 44 cm aus Kimonobrokat (= Futter) und Rosshaar zuschneiden. Die Reißverschlusstasche zweimal aus Nylon zuschneiden. Den Boden je einmal aus Kimonobrokat und einmal aus Volumenvlies schneiden.

2. Alle Kanten mit Zickzack-Stich gegen Ausfransen sichern. Rosshaareinlage auf die linke Seite der Futterstoffzuschnitte kleben.

3. Für die aufgesetzte Tasche ca. 2 cm vom oberen Rand entfernt ein langes Stück Satinband von 44 cm auf die rechte Seite des Kimonobrokats steppen. Mittig auf dem Band einen Teil des Klettkreises annähen. Nylon und Kimonobrokat der aufgesetzten Tasche am oberen Rand verstürzen, dabei die Kaninchenborte mitfassen.

4. Die Futterteile der Tasche zusammennähen, dabei mittig den Reißverschluss einsetzen. Die Reißverschlusstaschenteile von links an das Reißverschlussträgerband steppen und die restlichen drei Seiten der Reißverschlusstasche zusammensteppen. Die beiden Teile des Magnetverschlusses jeweils mittig ca. 2,5 cm vom oberen und unteren Rand des Futters entfernt anbringen. Zum besseren Halt jeweils mit Vliesstreifen unterlegen. Seitennähte schließen, dabei auf einer Seite ca. 15 cm zum Wenden offen lassen. Bodenecken abnähen.

5. Für den Boden Volumenvlies von links auf den Kimonobrokat legen und gemäß Schnittmarkierungen Löcher für Bodennägel anbringen. Die Bodennägel von rechts einstecken. Beide Längsseiten des Bodens je 1 cm breit nach links umbügeln.

6. Die aufgesetzte Tasche links auf rechts so auf den Taschen-Nylon heften, dass die untere Kante 1 cm über die Bodennaht reicht. Den Boden links auf rechts darüber aufstecken und knappkantig festnähen. Dabei die aufgesetzte Tasche mitfassen. Die Taschenseitennähte schließen und dabei erneut die aufgesetzte Tasche mitfassen.

7. An der entsprechenden Stelle auf dem Nylon den zweiten Teil des Klettkreises für die aufgesetzte Tasche annähen. Anschließend Bodenecken abnähen.

8. Je zwei Schlaufen à 7 cm aus Satinband um jeden Trägerbügel legen und mittig von rechts an die oberen Kanten der Tasche stecken. Tasche und Futtertasche rechts auf rechts ineinander stecken und den oberen Rand zusammennähen. Dabei die Satinschlaufen mitfassen. Tasche wenden und das offene Stück der Futter-Seitennaht von Hand schließen.

Material

- Nylon in Oliv, 140 cm breit, 0,50 m
- Kimonobrokat, 75 cm breit, 0,60 m
- Rosshaarklebeeinlage, 0,40 m
- Volumenvlies, 20 x 50 cm
- Satinband in Rosa, 2,5 cm breit, 0,75 m
- Kaninchenborte, 0,40 m
- Klettbandkreis
- Magnetverschluss
- 2 Trägerbügel
- 4 Bodennägel
- Reißverschluss, 20 cm lang
- Nähmaschine
- passendes Nähgarn
- Sticknadel
- Schnittpapier
- Bleistift
- Schere

Modell 52, Vorlage auf Seite 107 und 108

Kontrastprogramm

Fellimitate wirken in Schwarz und Weiß besonders attraktiv und finden in schwarzem Steppstoff einen idealen Partner. Diese Tasche kann ganz nach Lust und Laune getragen werden: Mal zeigen Sie die Fellstoffseite, mal lassen Sie mehr Steppstoff sehen!

1. Gemäß Schnittskizze einen originalgroßen Schnitt herstellen. Im Folgenden jeweils 1 cm Nahtzugabe berücksichtigen. Das Taschenteil zunächst zweimal aus Steppstoff zuschneiden. Dabei den Schnitt zweimal quer gegengleich auf den Stoff legen. Anschließend das Taschenteil zweimal aus Fellimitat zuschneiden. Dabei den Schnitt zweimal längs in gleicher Florrichtung auf den Stoff legen.

2. Alle Kanten gegen Ausfransen sichern. Ein Fellimitat-Teil gegengleich rechts auf rechts auf ein Steppstoffteil legen. Die Kanten aufeinander stecken und, wie in der Zeichnung 1 auf Seite 109 markiert, 3 cm vom Rand entfernt aufeinander steppen. Dann die Nahtzugaben des Fellimitatteils nach innen umschlagen und feststecken oder heften, wie in Zeichnung 2 gezeigt.

3. Anschließend das zweite Steppstoffteil rechts auf rechts auf das erste legen, ringsum steppen. Dabei den Schlitz für den Reißverschluss offen lassen. Das Fellteil liegt zwischen den Steppstoffteilen. Tasche wenden und die fixierten Fellimitatkanten wieder lösen.

4. Nun die Kanten des schwarzen Taschenteiles nach innen umschlagen und feststecken. Das zweite Fellimitatteil rechts auf rechts auf das erste legen, ringsum steppen. Dabei den Schlitz für den Reißverschluss offen lassen. Das schwarze Taschenteil liegt zwischen den Fellimitatteilen. Tasche wenden. Das schwarze Taschenteil wieder lösen. Beide Taschenteile liegen jetzt so aufeinander, wie es die Zeichnung 3 auf Seite 109 zeigt.

5. Beide Reißverschlüsse einnähen und an den Trägerenden das Klettband annähen.

Material

- Steppstoff in Schwarz, 150 cm breit, 40 cm lang
- Dalmatiner-Fellimitat, 140 cm breit, 95 cm lang
- je 1 Reißverschluss in Schwarz und Weiß, 30 cm lang
- Klettband in Schwarz, 2 cm breit, 15 cm lang
- Schnittpapier
- Bleistift
- Schere

Modell 53, Vorlage auf Seite 109

Rosen-Romantik

Wer's verspielt romantisch mag, wird diese Tasche zu seinem Lieblingsmodell erklären. Rosenstoffe wurden hier im Patchworkstil verarbeitet. Und die besondere Raffinesse dieses Modells machen die originellen Taschenhenkel aus.

1. Im Folgenden alle Stoffteile zuzüglich 1 cm Nahtzugabe zuschneiden. Aus rotem Rosenstoff für die Seitenteile viermal 10 x 17 cm große Rechtecke zuschneiden. Für den Boden gemäß Skizze ein Stoffstück mit gerundeten Ecken in der Größe von 11 x 27 cm zuschneiden. Zum Einfassen wird ein Streifen von 5 x 60 cm benötigt. Für die Schlaufen viermal 3,5 x 8 cm große Streifen schneiden. Aus Motivstoff für die Seitenteile vier Rechtecke à 10 x 17 cm zuschneiden. Aus beigefarbenem Rosenstoff (Futter) zwei Rechtecke in einer Größe von 19 x 32 cm zuschneiden sowie den Boden mit gerundeten Ecken gemäß Skizze in einer Größe von 11 x 27 cm.

2. Alle Kanten gegen Ausfransen sichern. Laut Skizze je ein unteres und ein oberes Stoffteil zusammennähen. Die Nahtzugaben auseinander bügeln und feststeppen. Je zwei so entstandene Taschenhälften zusammennähen. Die Quernähte treffen aufeinander. Die beiden Taschenteile rechts auf rechts legen und die Seitennähte absteppen. Die Nahtzugaben in den Boden bügeln und absteppen.

3. Die beiden Futterteile seitlich aufeinander steppen. Den Boden einsetzen. Das Futter in die Tasche schieben und festheften. Die Schlaufen längs zur Hälfte legen und zusammennähen, dann wenden.

4. Am oberen Rand den Einfassstreifen rechts auf rechts festnähen, nach innen schlagen und absteppen. Dabei die vier Schlaufen mit jeweils einem eingefädelten Ring der Taschengriffe mitfassen. Zum Schluss die Taschenhenkel mit Perlen einhängen.

Material

- Rosenstoff in Rot, 110 cm breit, 20 cm lang
- Rosenstoff in Beige, 110 cm breit, 20 cm lang
- Motivstoff mit Rosen in Beige-Rot, 110 cm breit, 10 cm lang
- 2 Taschenhenkel mit Perlen
- passendes Nähgarn
- Nähmaschine
- Schere
- Maßband

Modell 54, Vorlage auf Seite 109

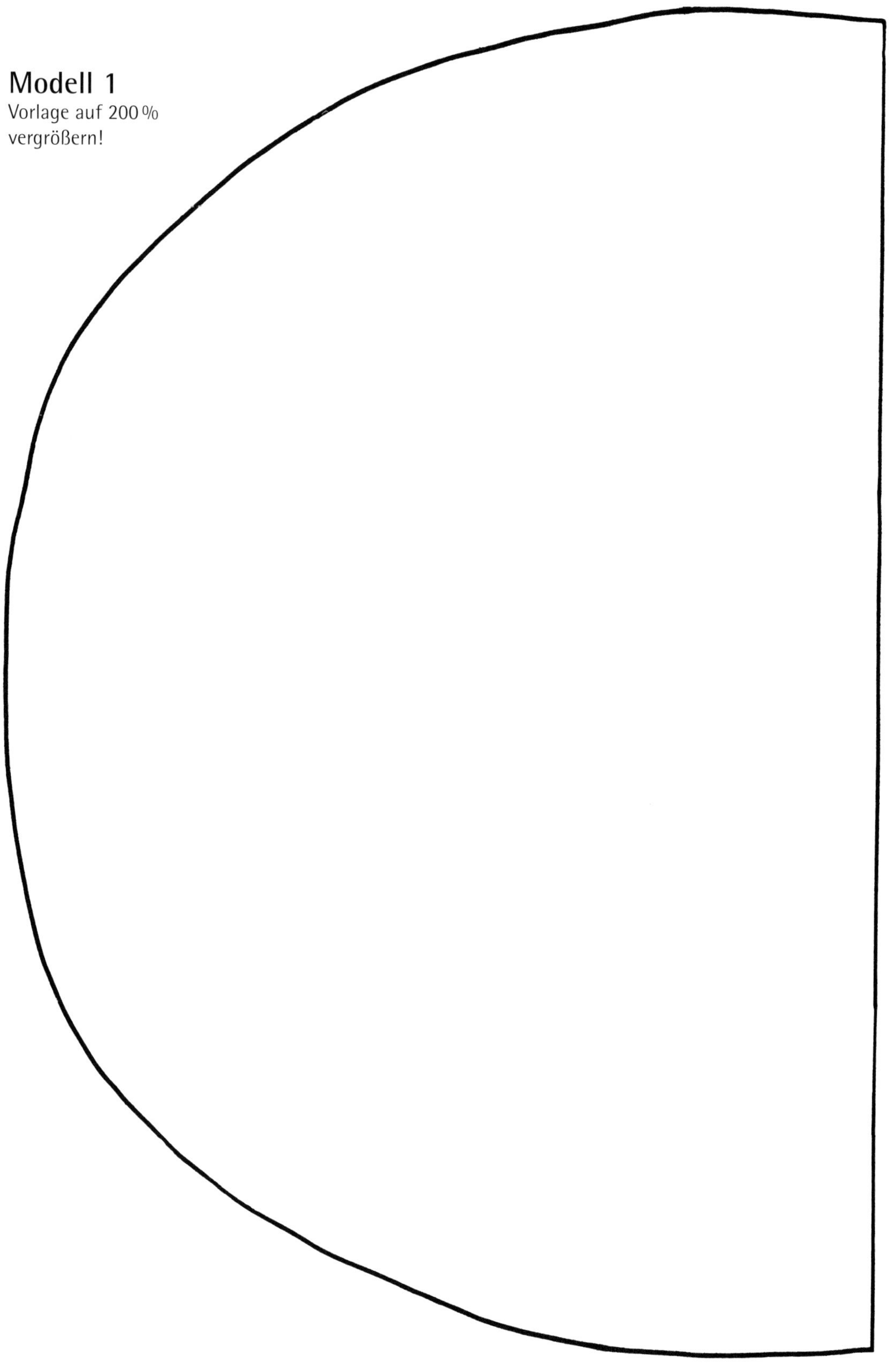

Modell 1

Vorlage auf 200 %
vergrößern!

Modell 1

Vorlage auf 250 % vergrößern!

Modell 2

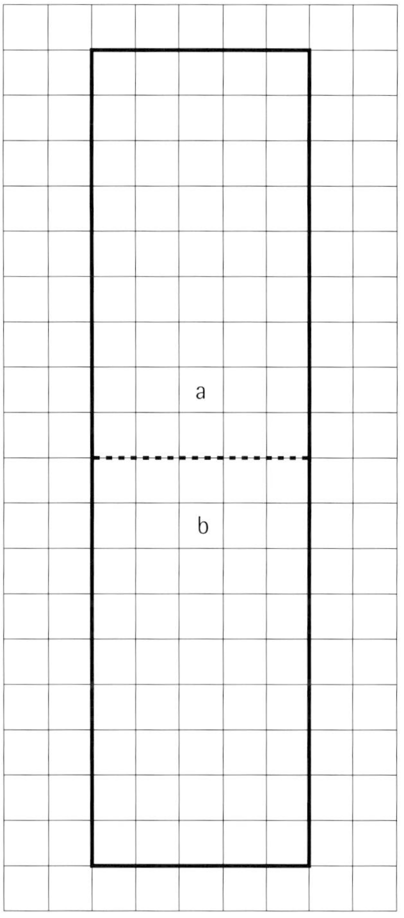

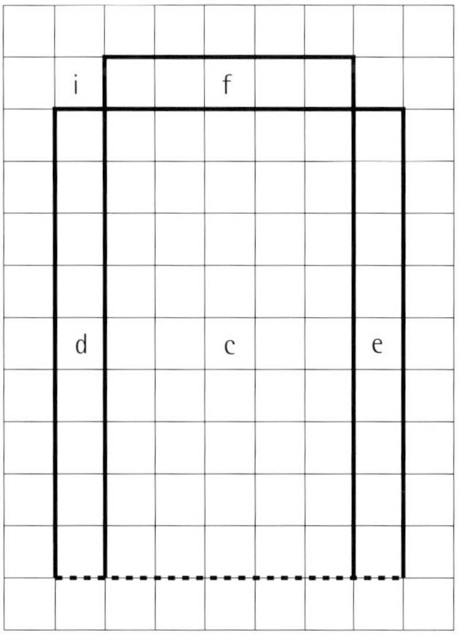

1 Kästchen entspricht 5 cm

Modelle 5 und 6

Vorlage auf 200 % vergrößern!

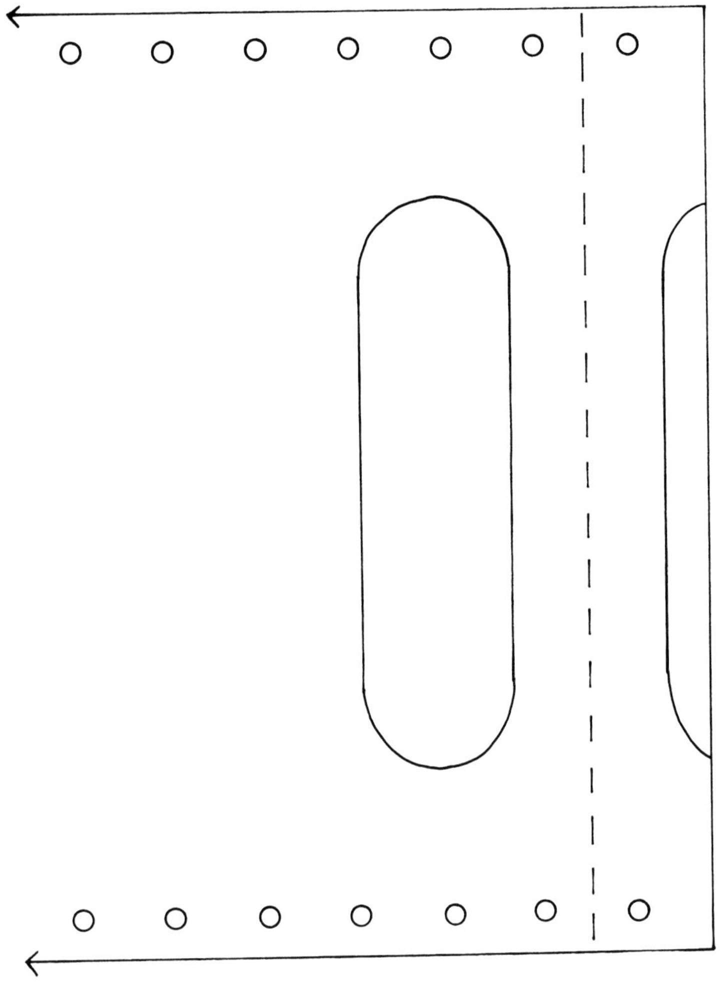

a

c

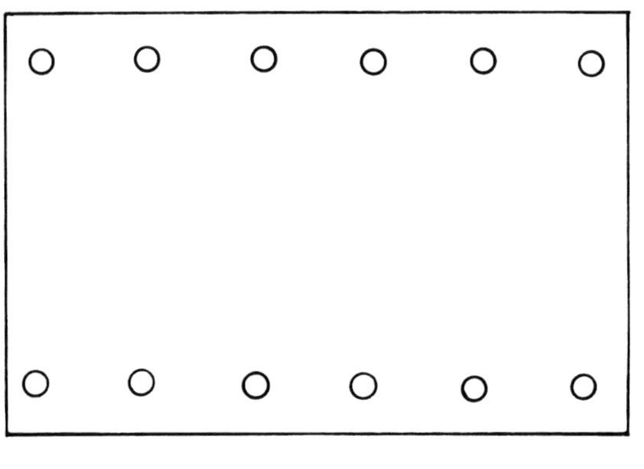

b

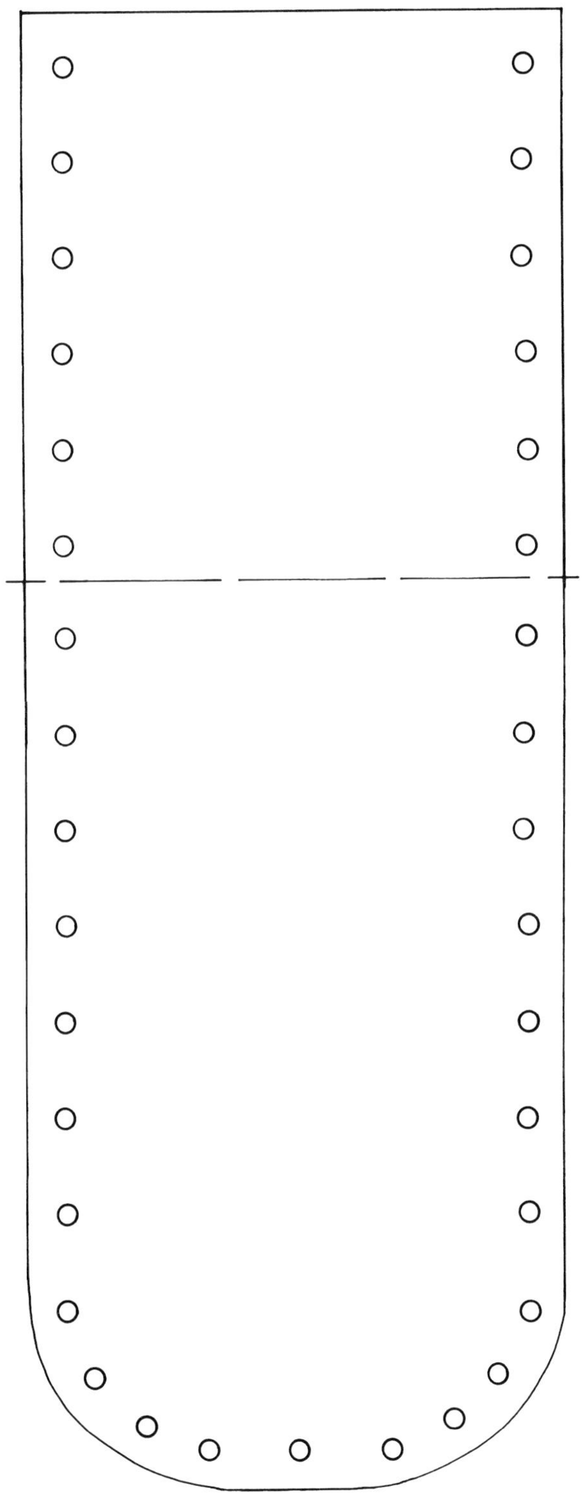

Modell 8

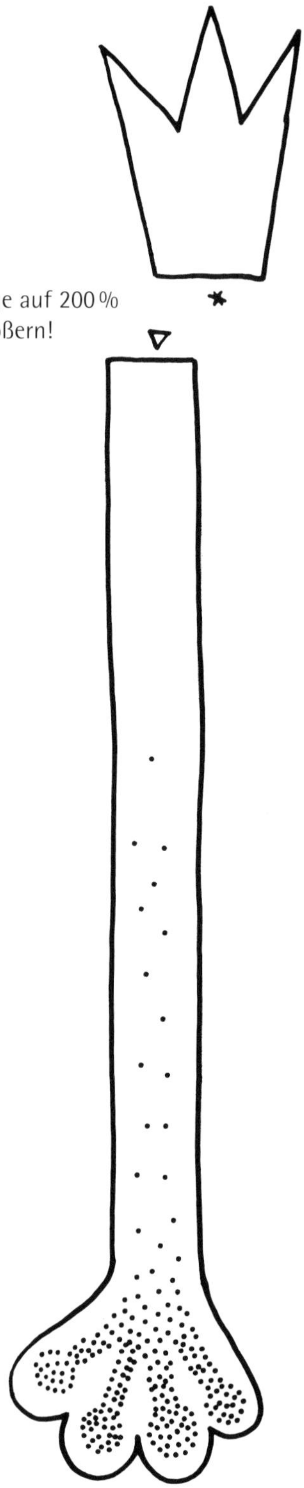

Vorlage auf 200 %
vergrößern!

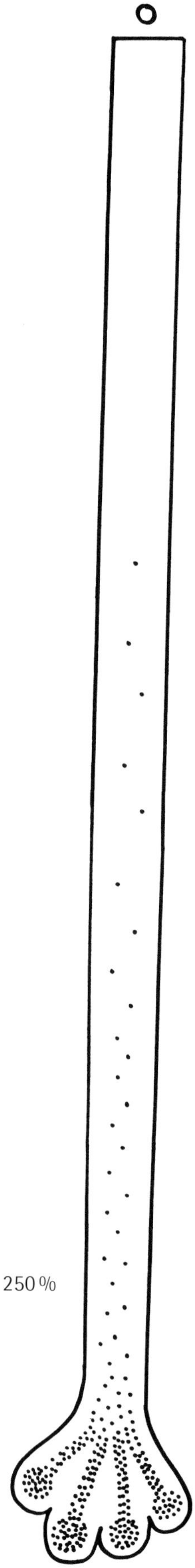

Vorlage auf 250 %
vergrößern!

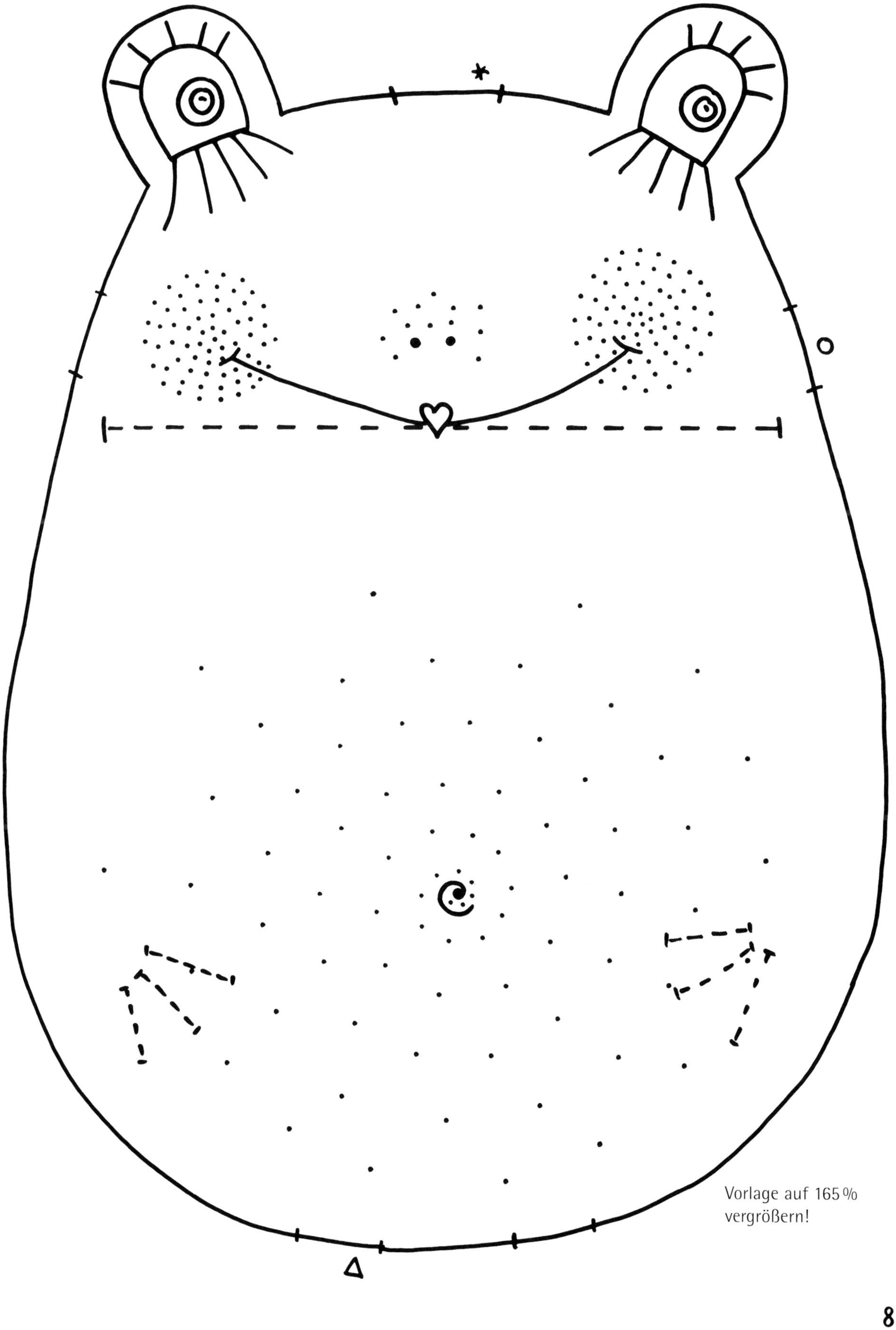

Vorlage auf 165 %
vergrößern!

Modell 13

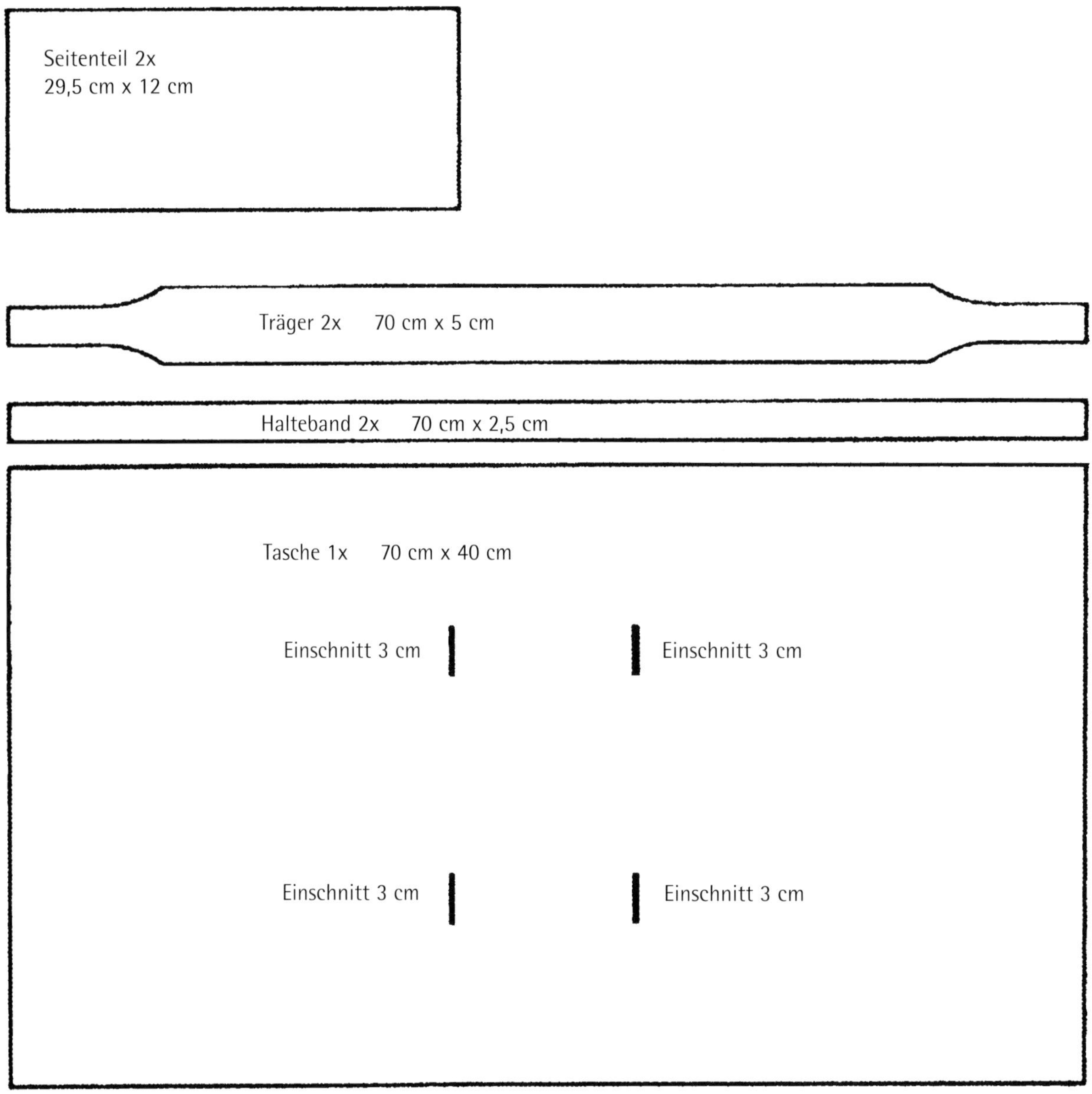
Seitenteil 2x
29,5 cm x 12 cm
Träger 2x 70 cm x 5 cm
Halteband 2x 70 cm x 2,5 cm
Tasche 1x 70 cm x 40 cm
Einschnitt 3 cm
Einschnitt 3 cm
Einschnitt 3 cm
Einschnitt 3 cm

Modell 14

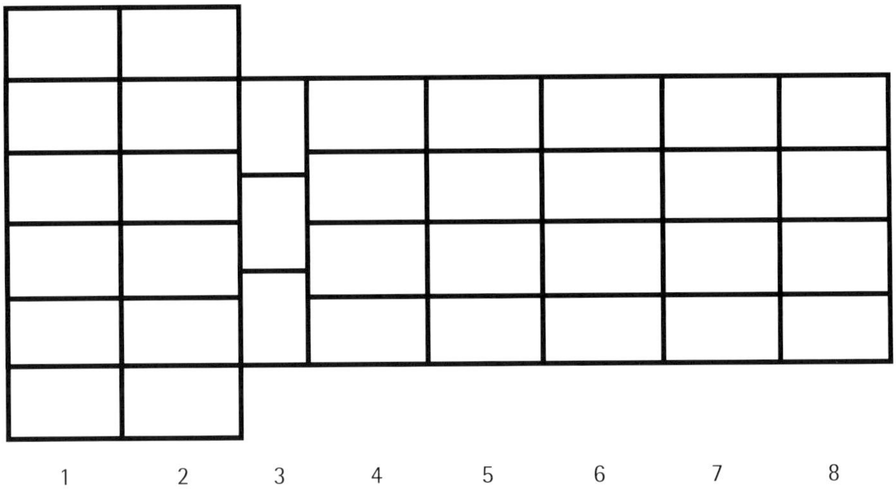

Modell 15

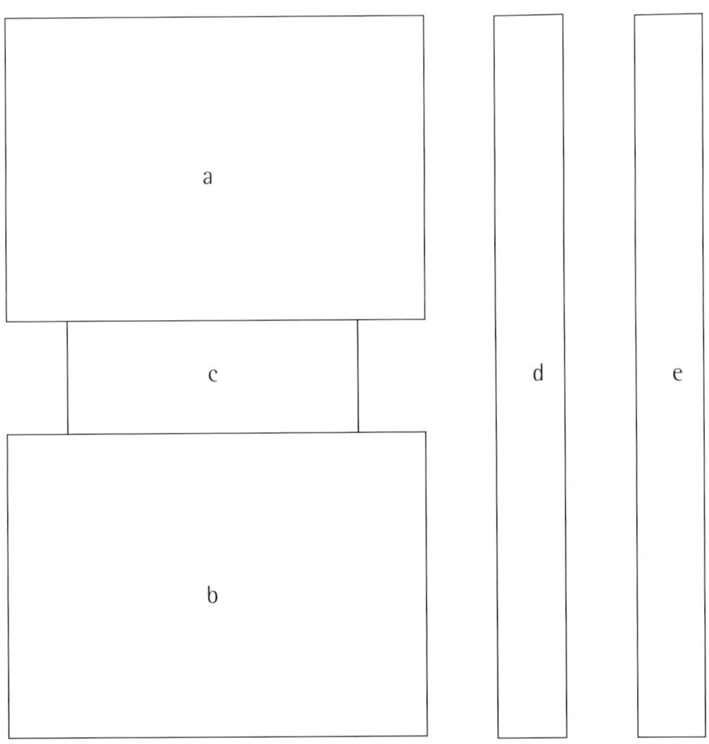

Modell 16

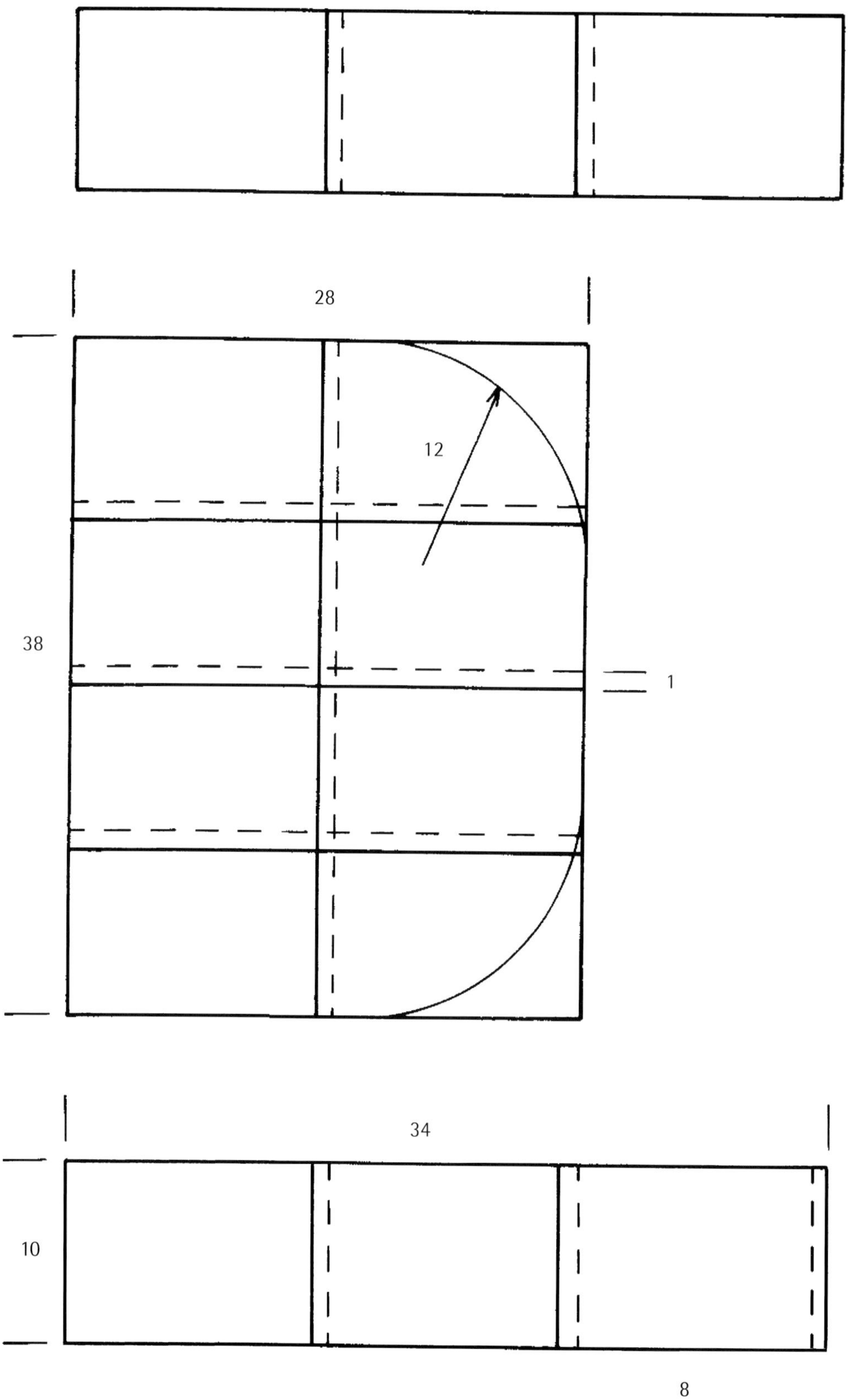

Modell 17

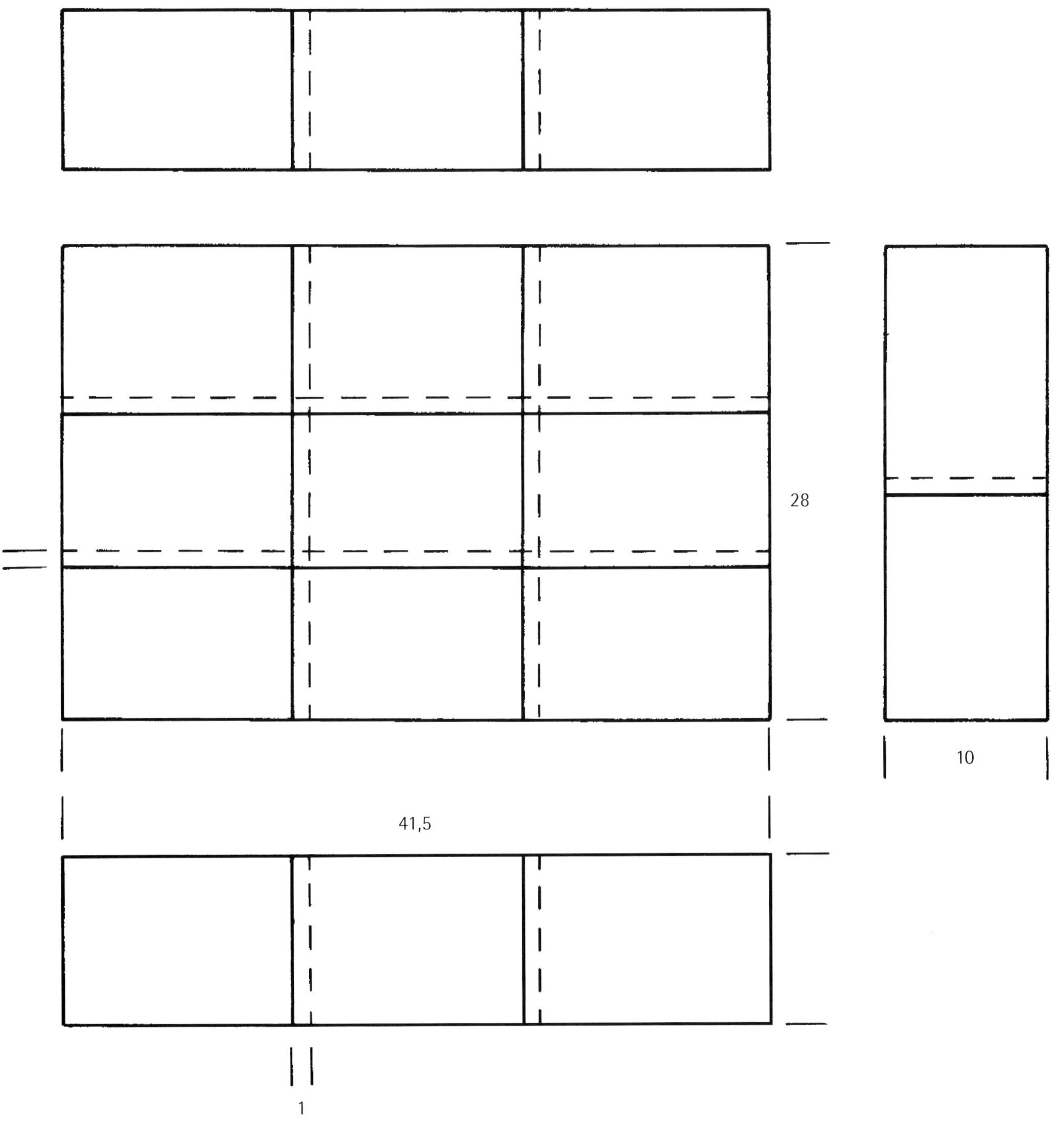

Modell 29

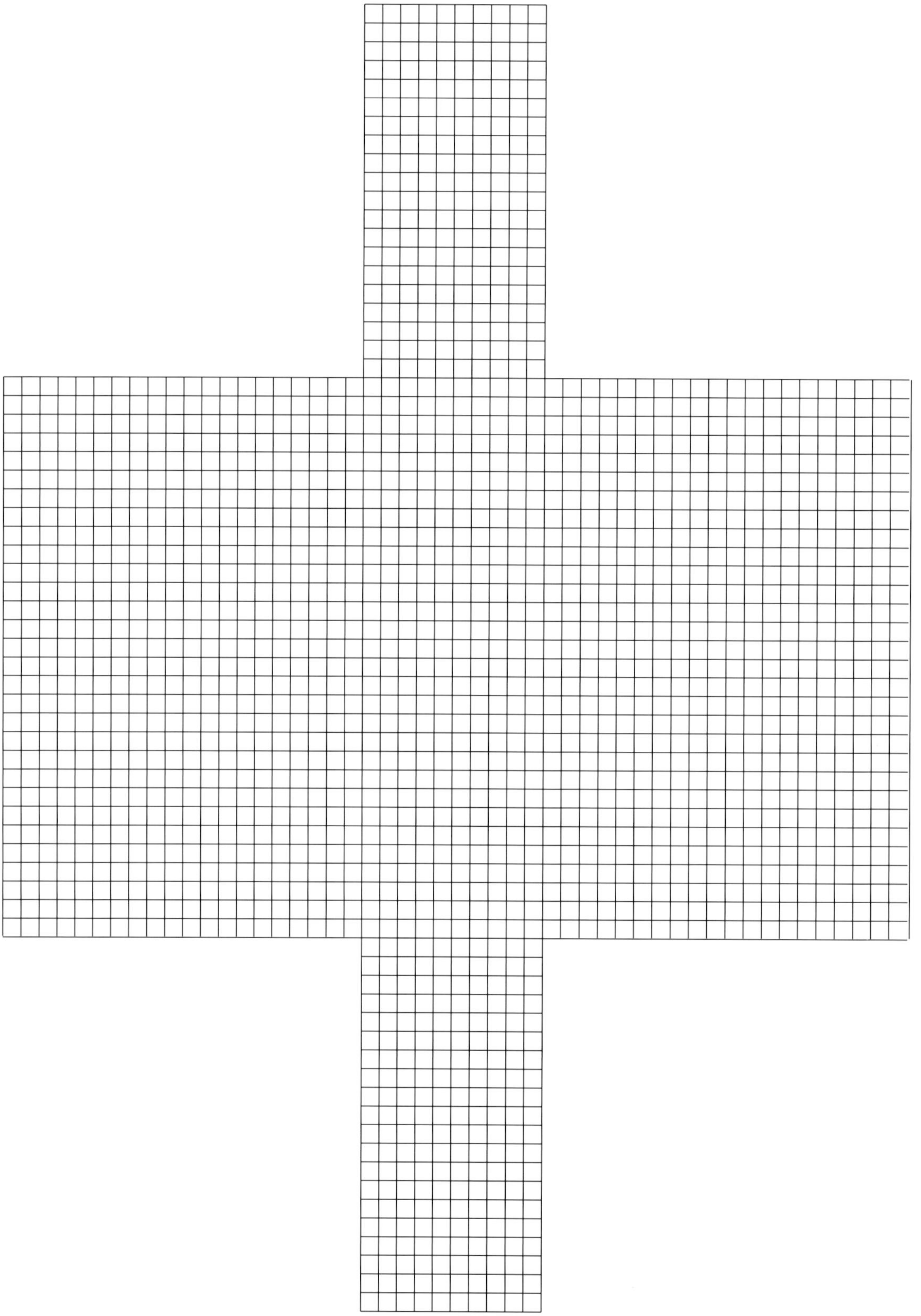

Modell 31

Vorlage auf 200%
vergrößern!

Modell 32

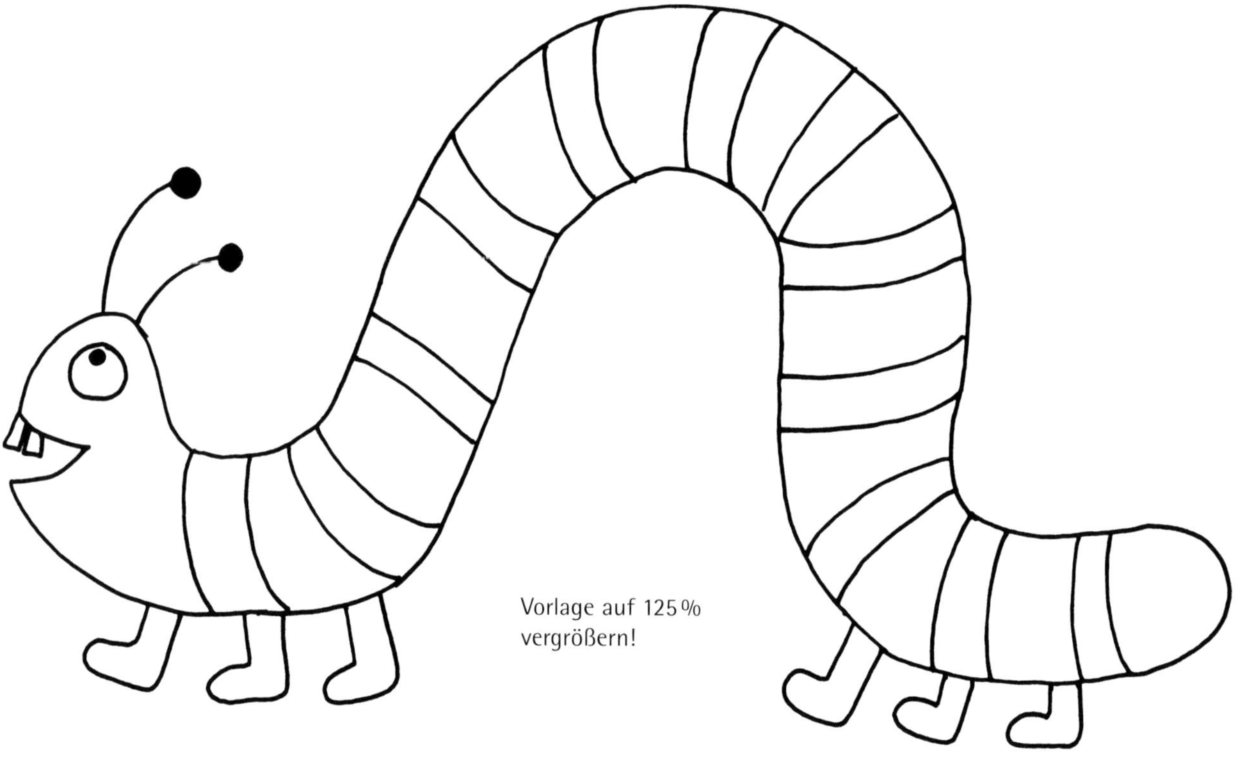

Vorlage auf 125 %
vergrößern!

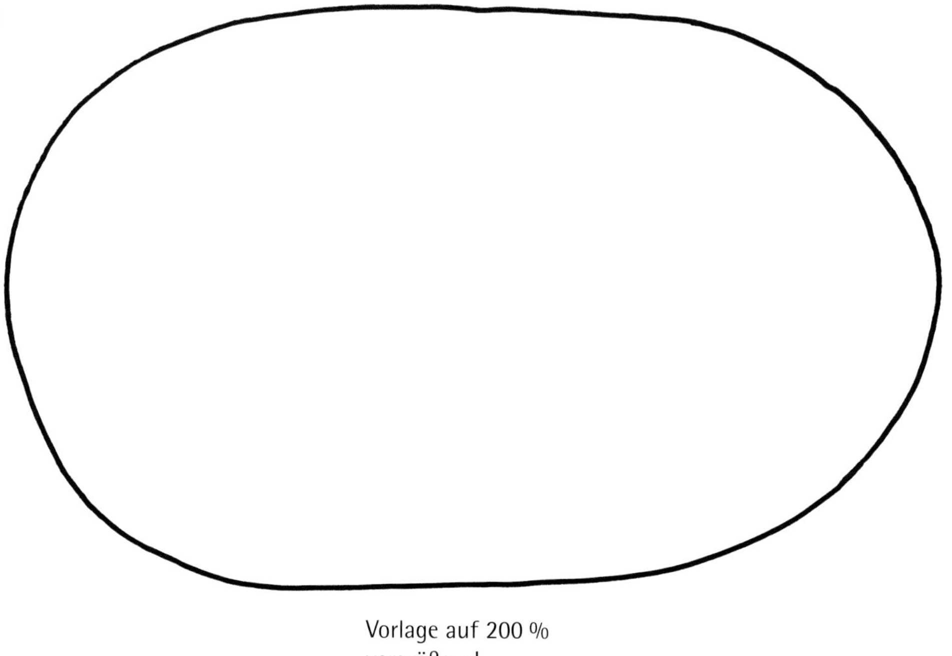

Vorlage auf 200 %
vergrößern!

Modell 32

Vorlage auf 125 %
vergrößern!

Modell 32

Vorlage auf 200 %
vergrößern!

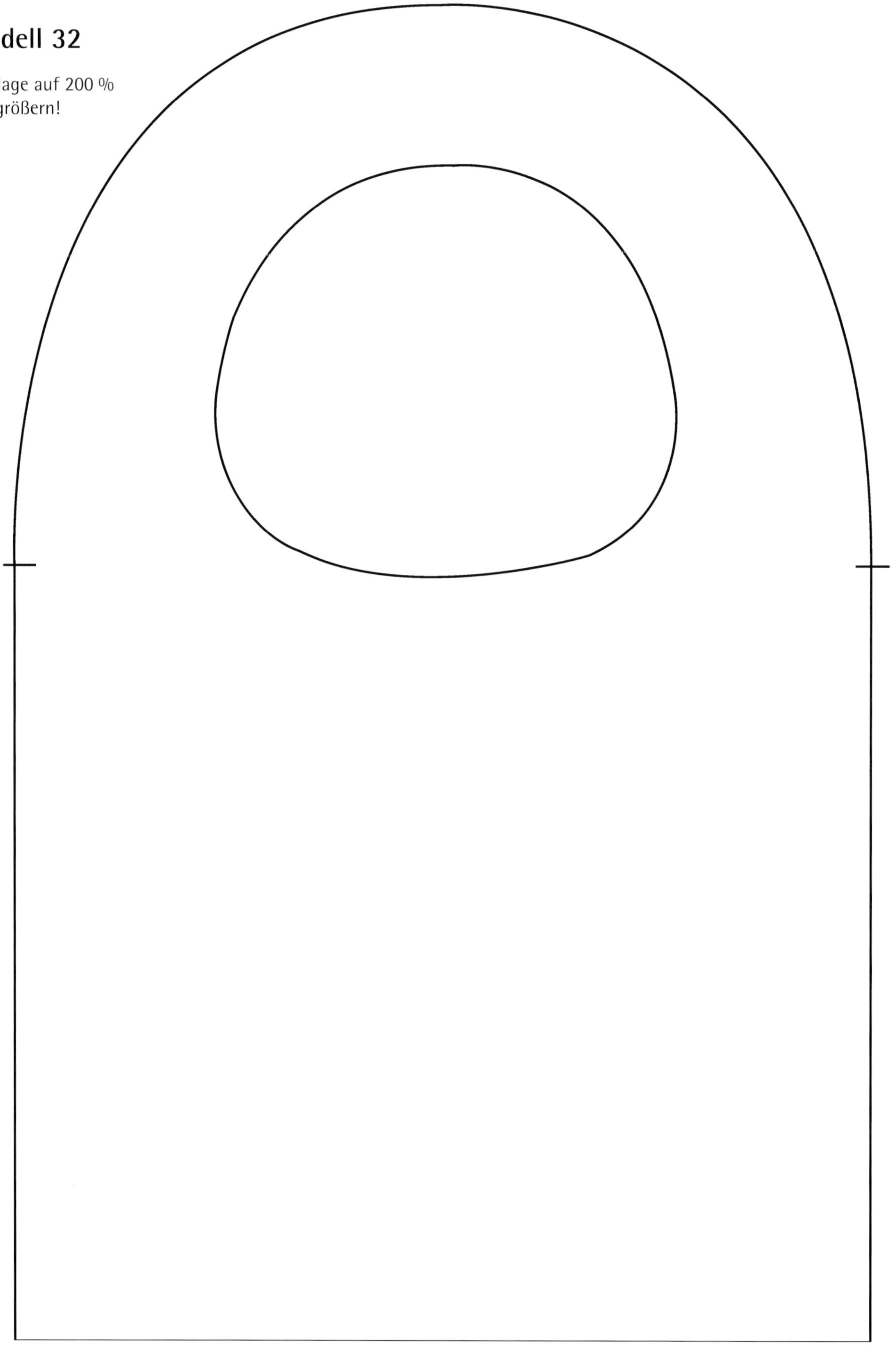

Modell 33

Vorlage auf 125 %
vergrößern!

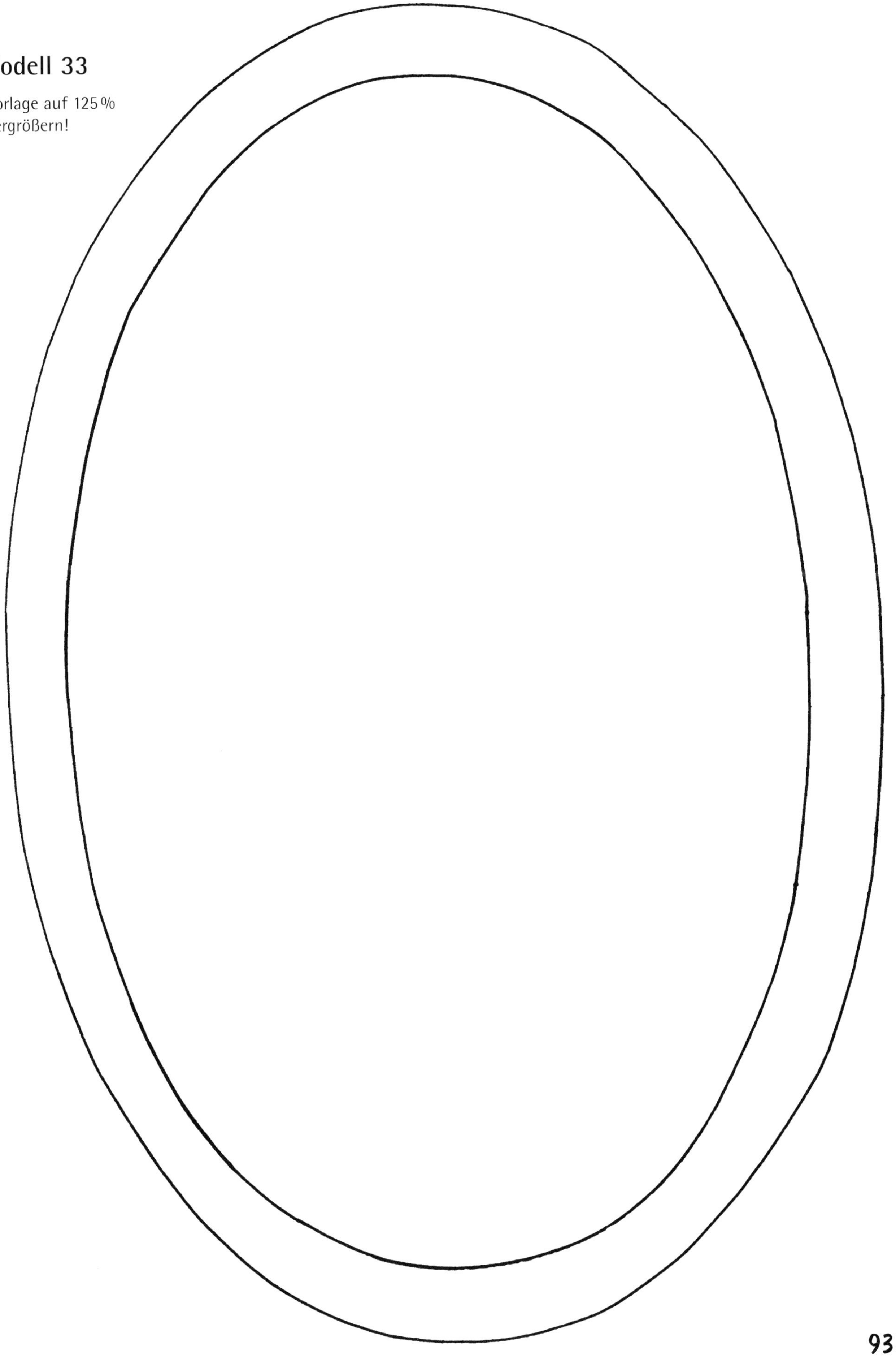

Modell 33

Vorlage auf 125 %
vergrößern!

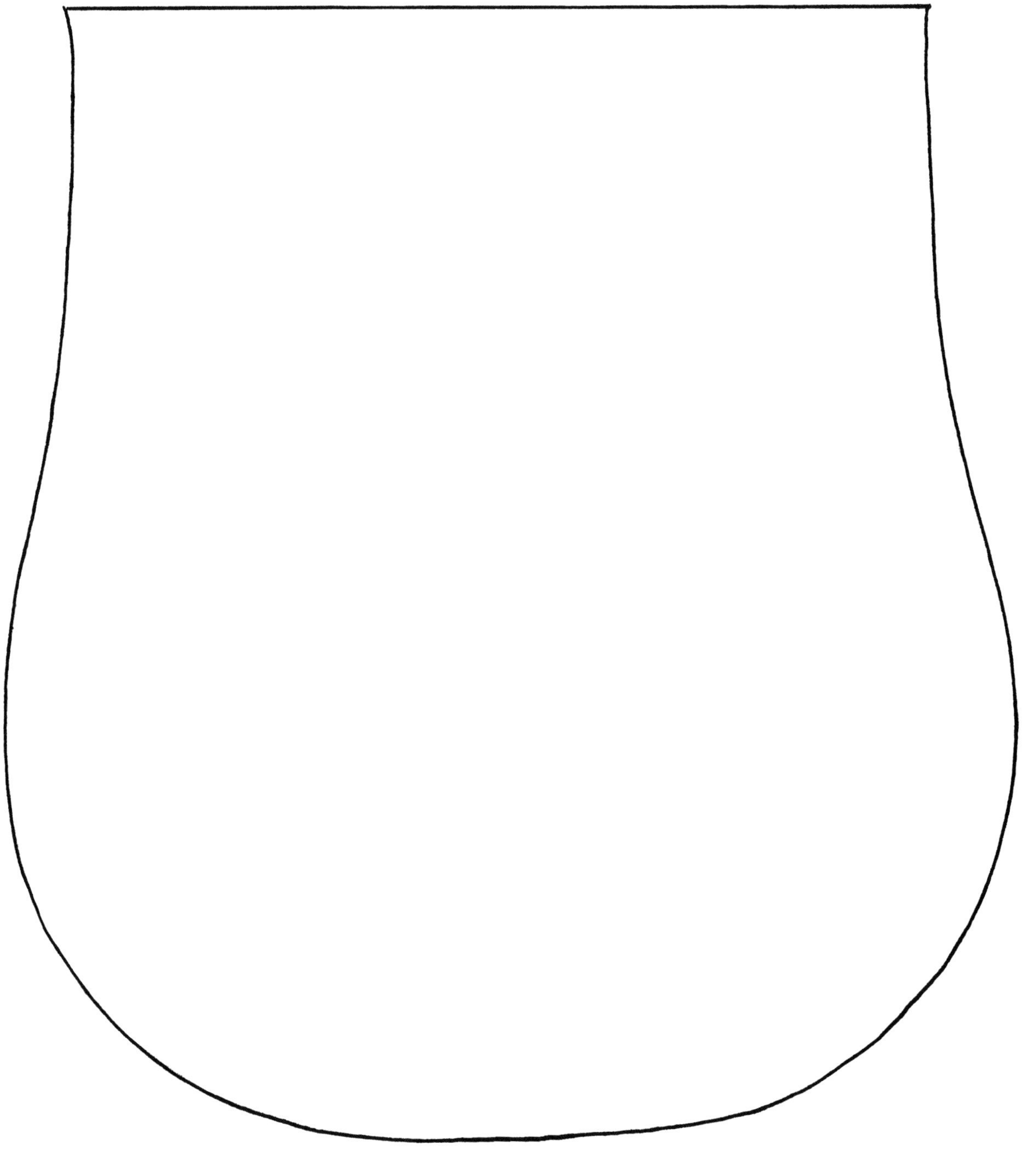

Modell 33

Modell 34

Vorlage auf 200 %
vergrößern!

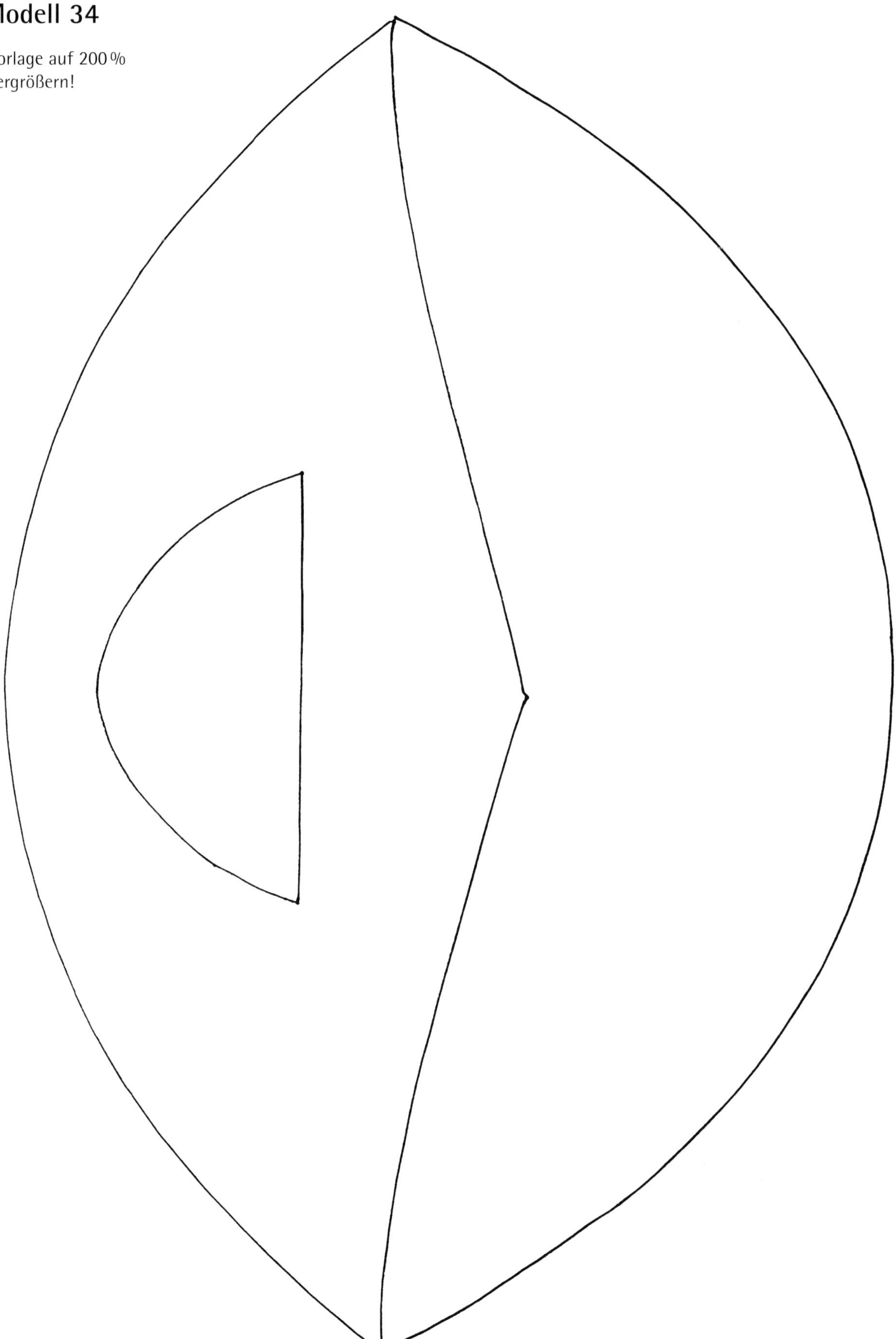

Modell 44

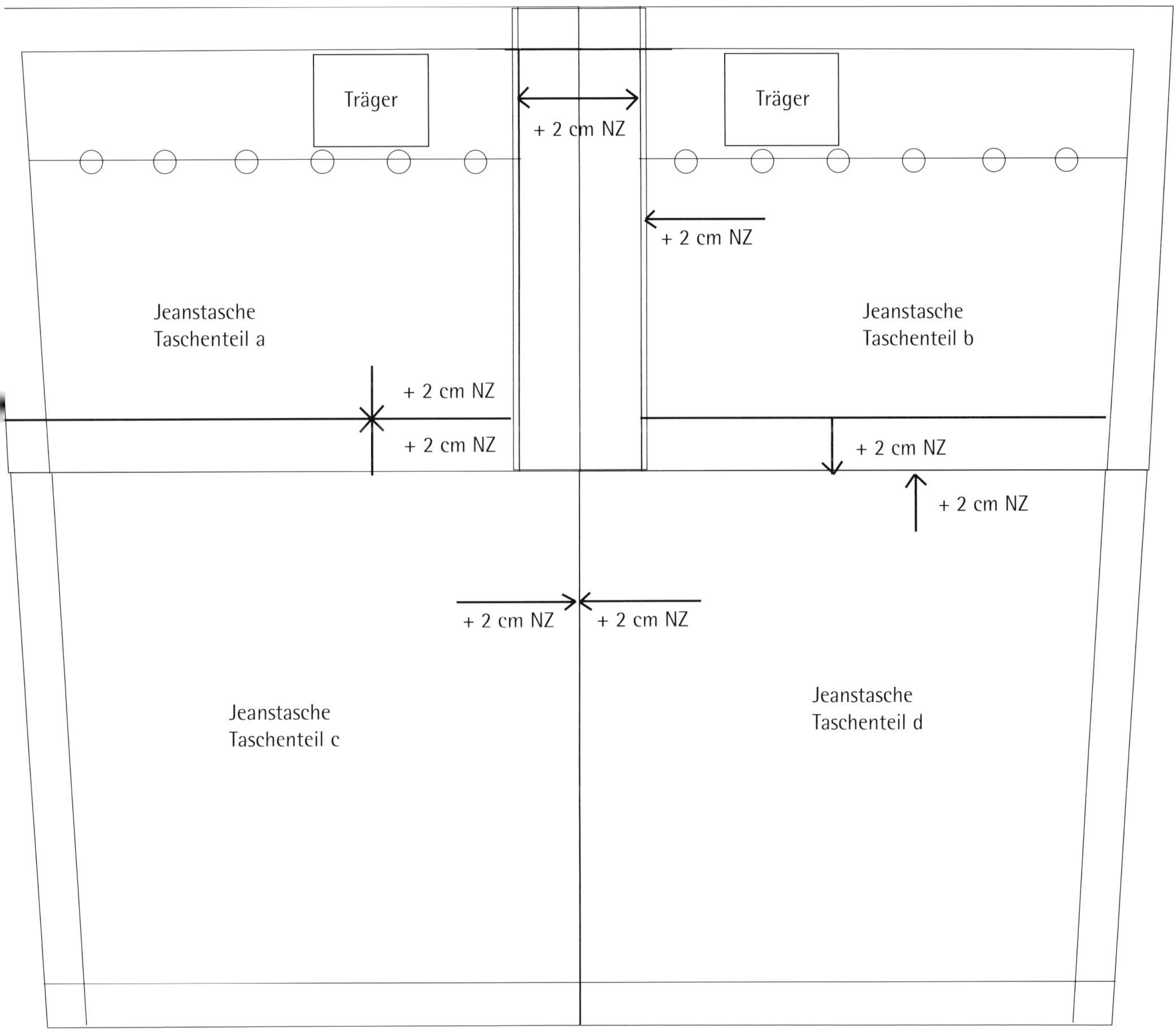

Jeanstasche
Tasche komplett

Modell 44

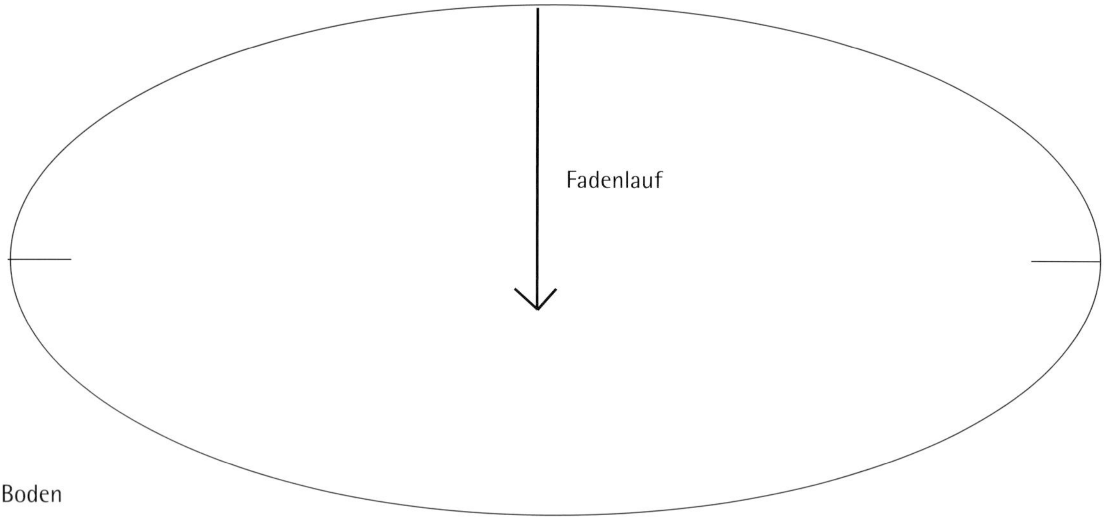

Boden

Skizze zu Modell 44

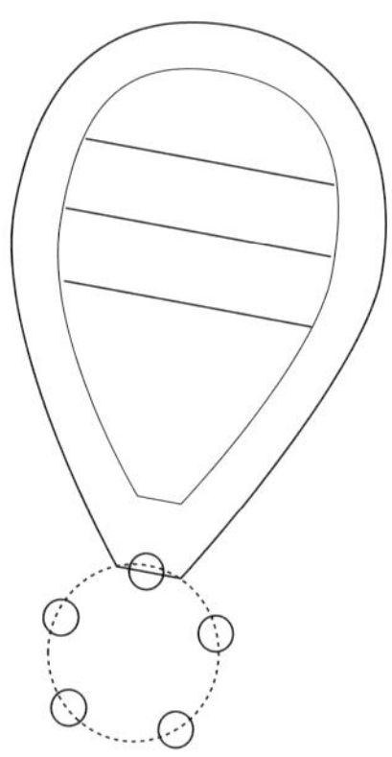

Blütenblätter

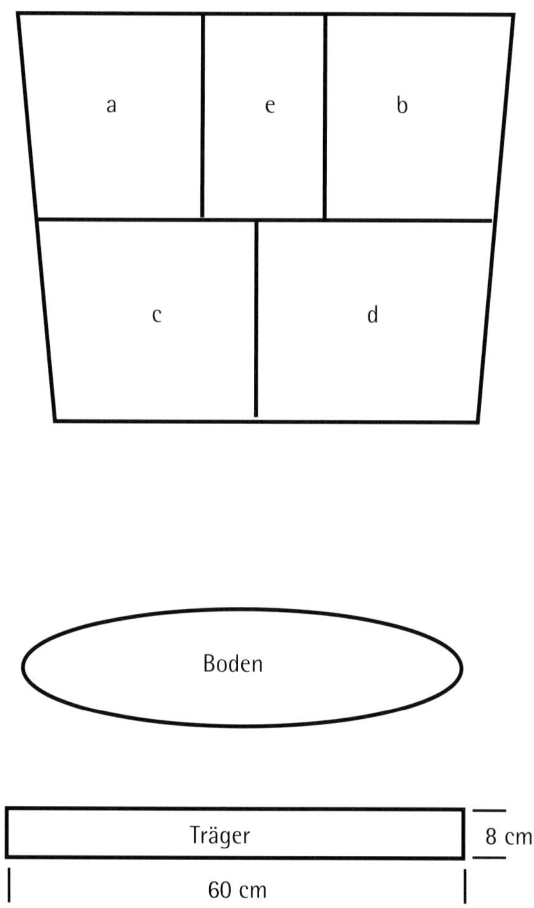

Modell 47

Vorlage auf 165 % vergrößern!

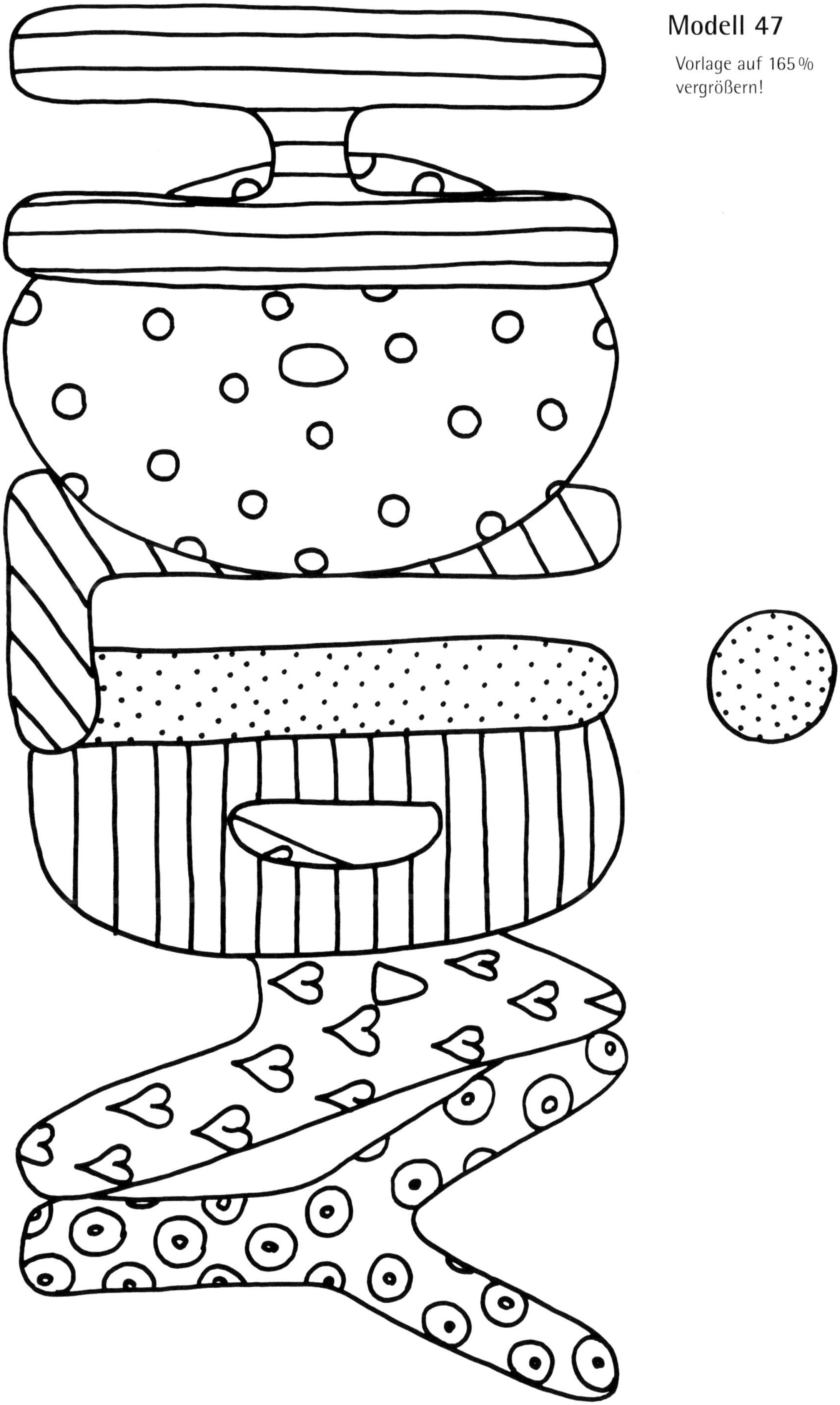

Modell 50

Vorlage auf 260%
vergrößern!

Modell 50

Vorlage auf 260 % vergrößern!

Modell 50

Vorlage auf 250%
vergrößern!

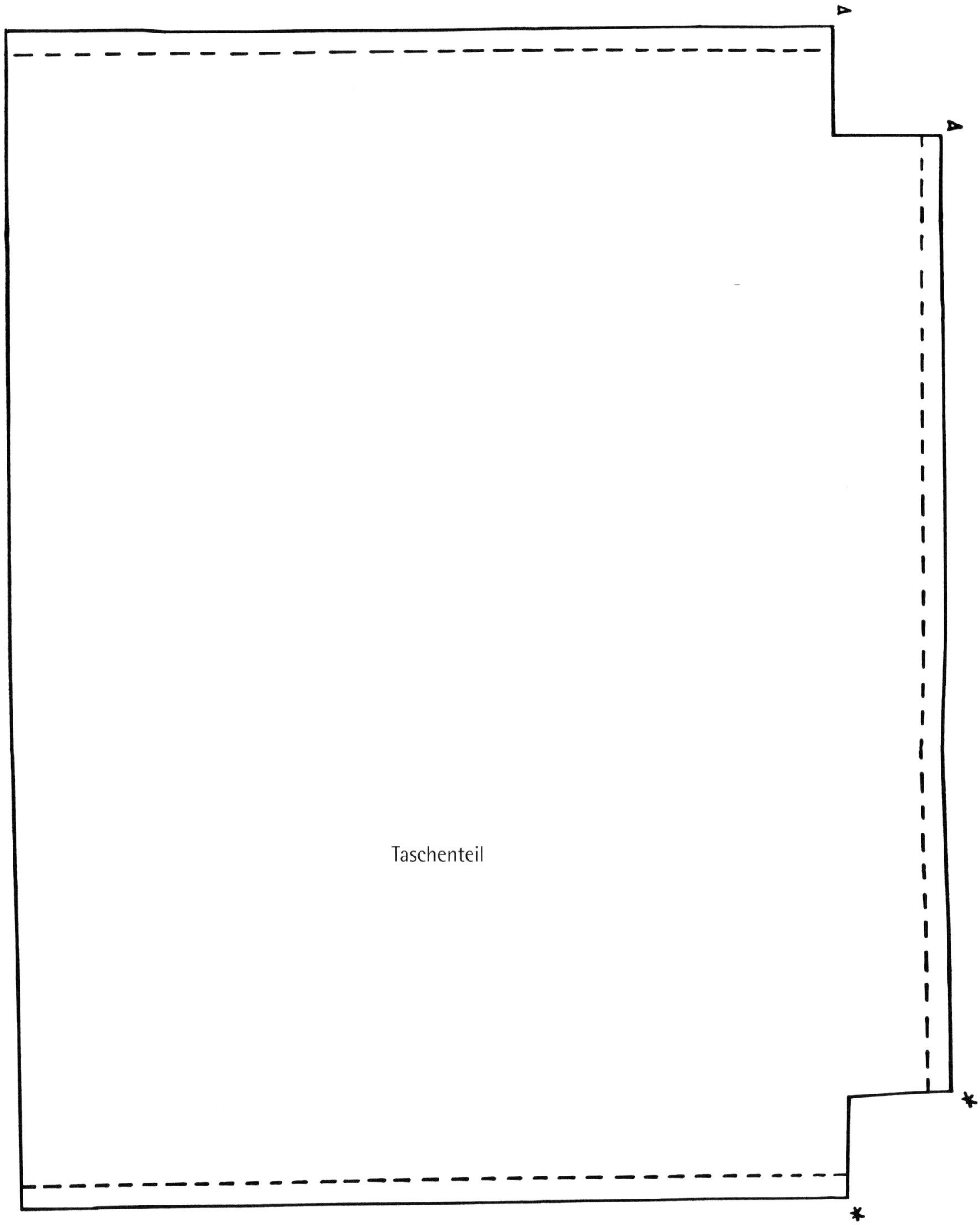

Modell 50

Modell 49

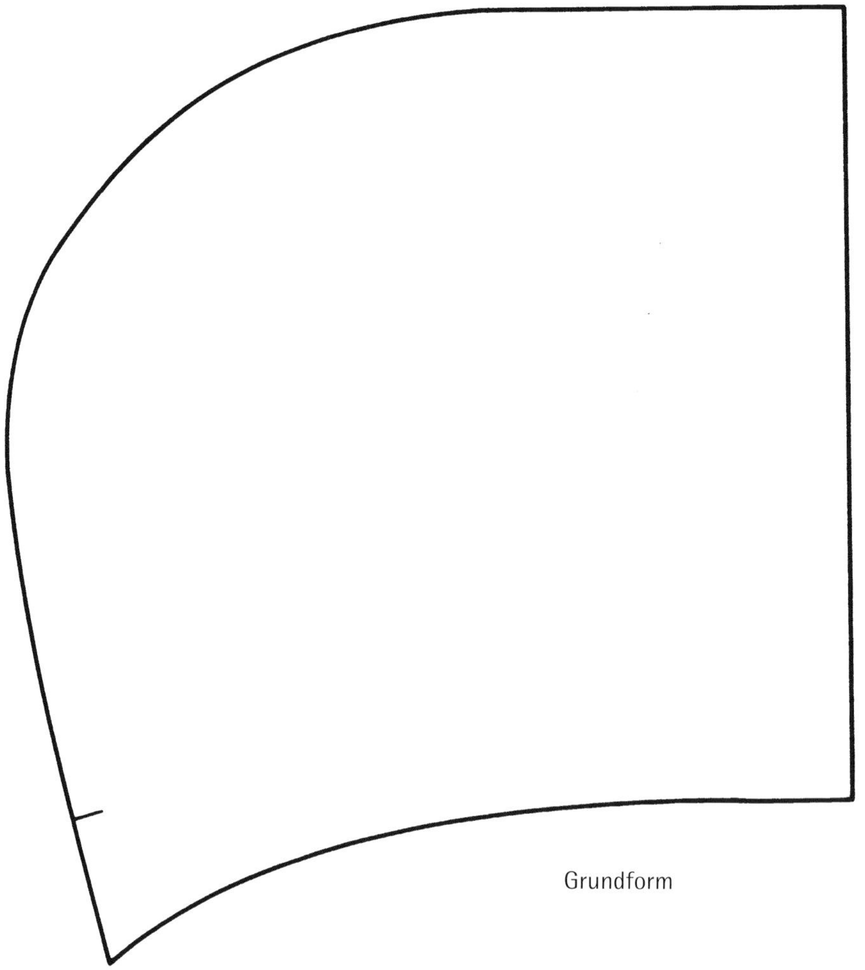

Grundform

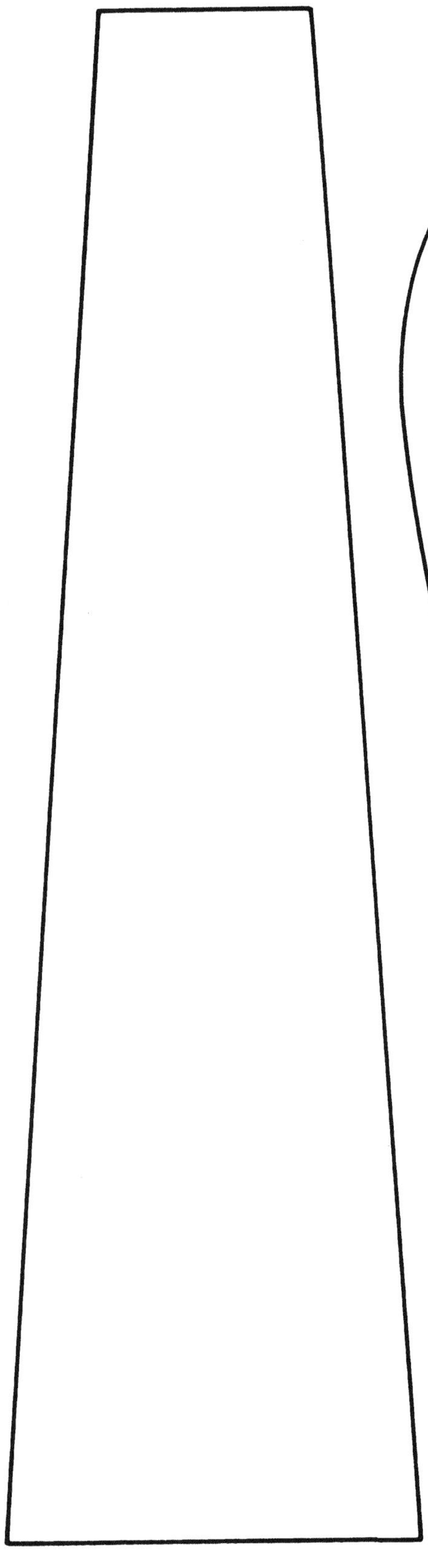

Zwischenteil

Modell 48

Vorlage auf 225%
vergrößern!

Henkel

Taschenteil

Modell 47

Vorlage auf 165 % vergrößern!

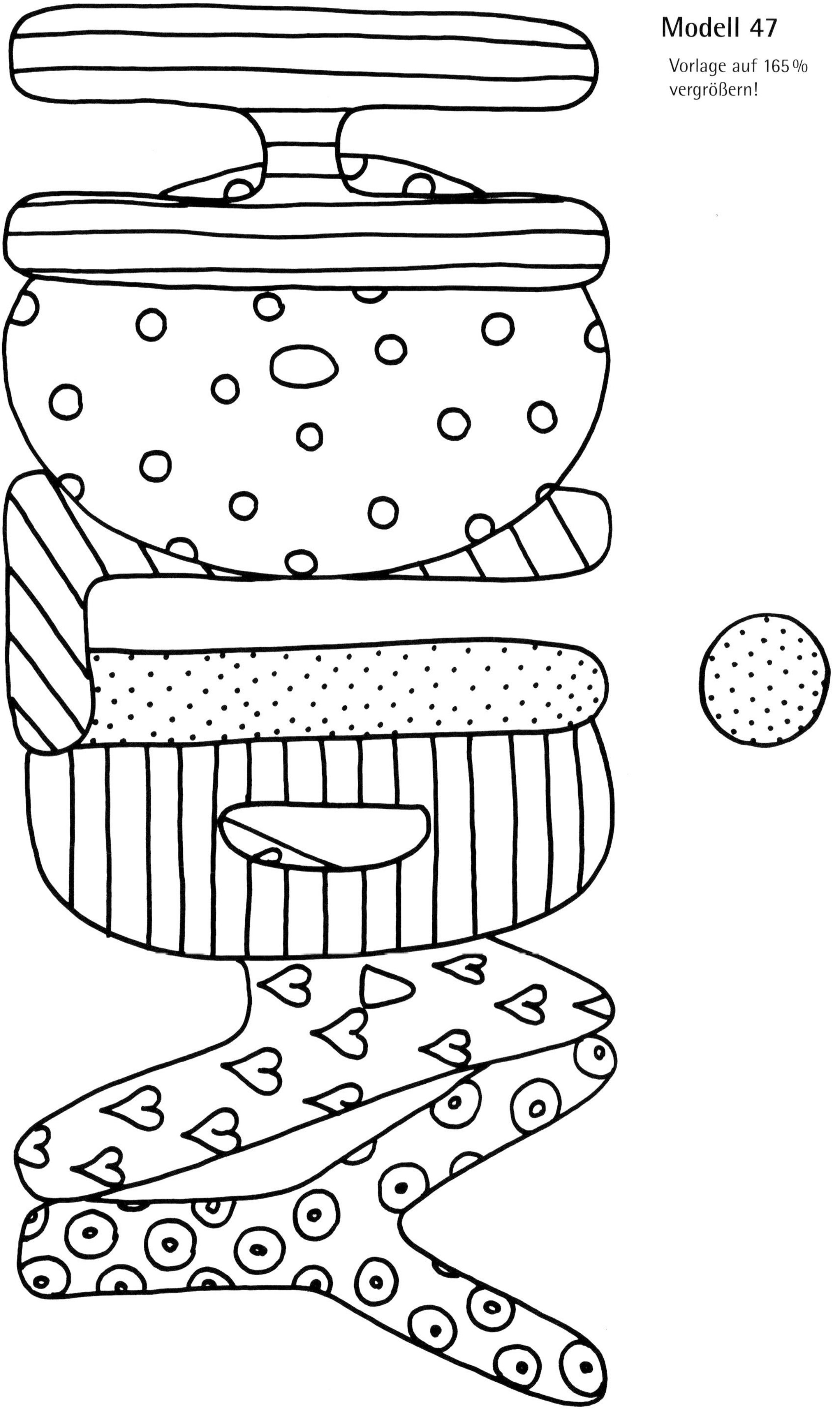

Modell 51

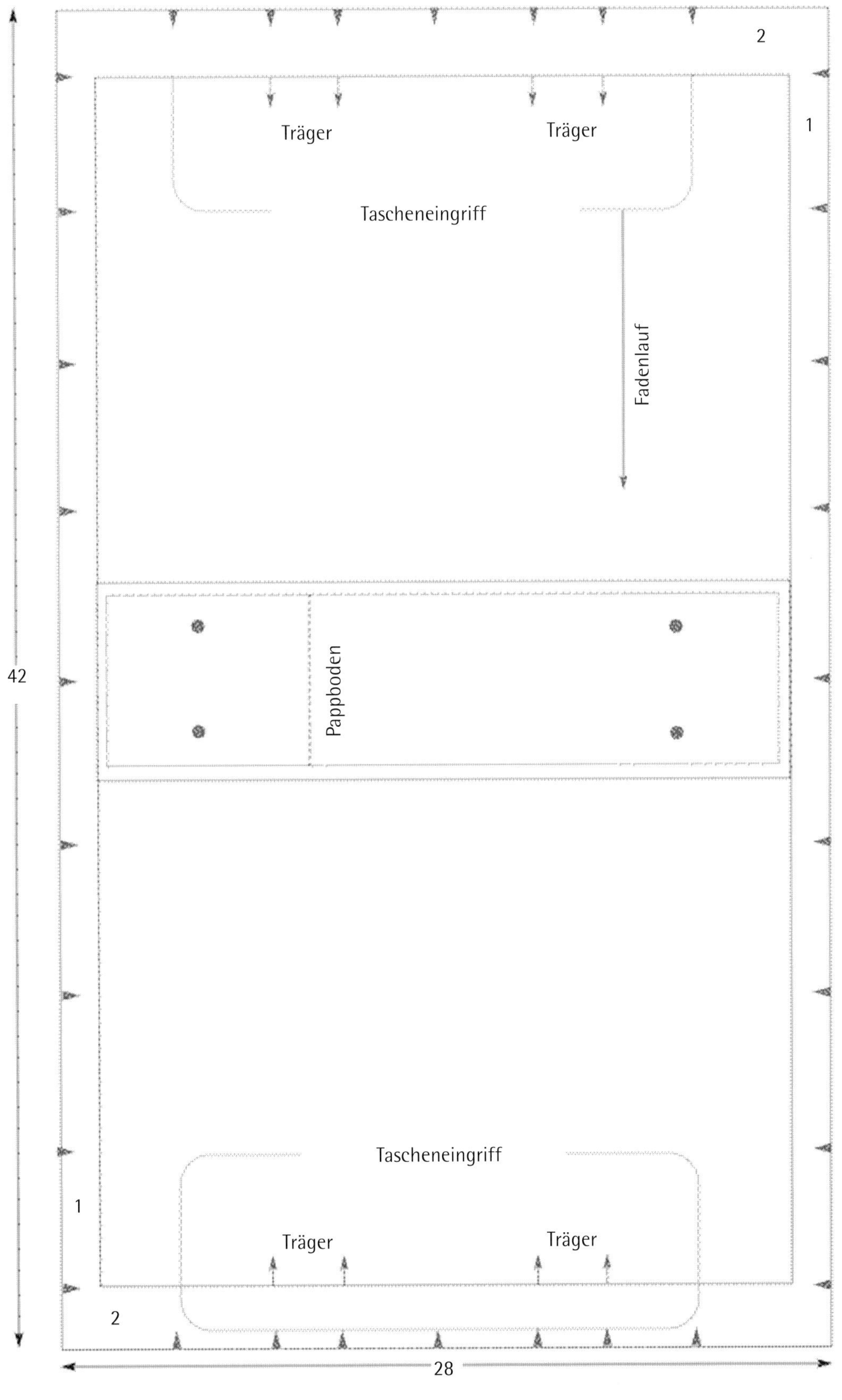
2
1
Träger
Träger
Tascheneingriff
Fadenlauf
42
Pappboden
Tascheneingriff
1
Träger
Träger
2
28

Modell 51

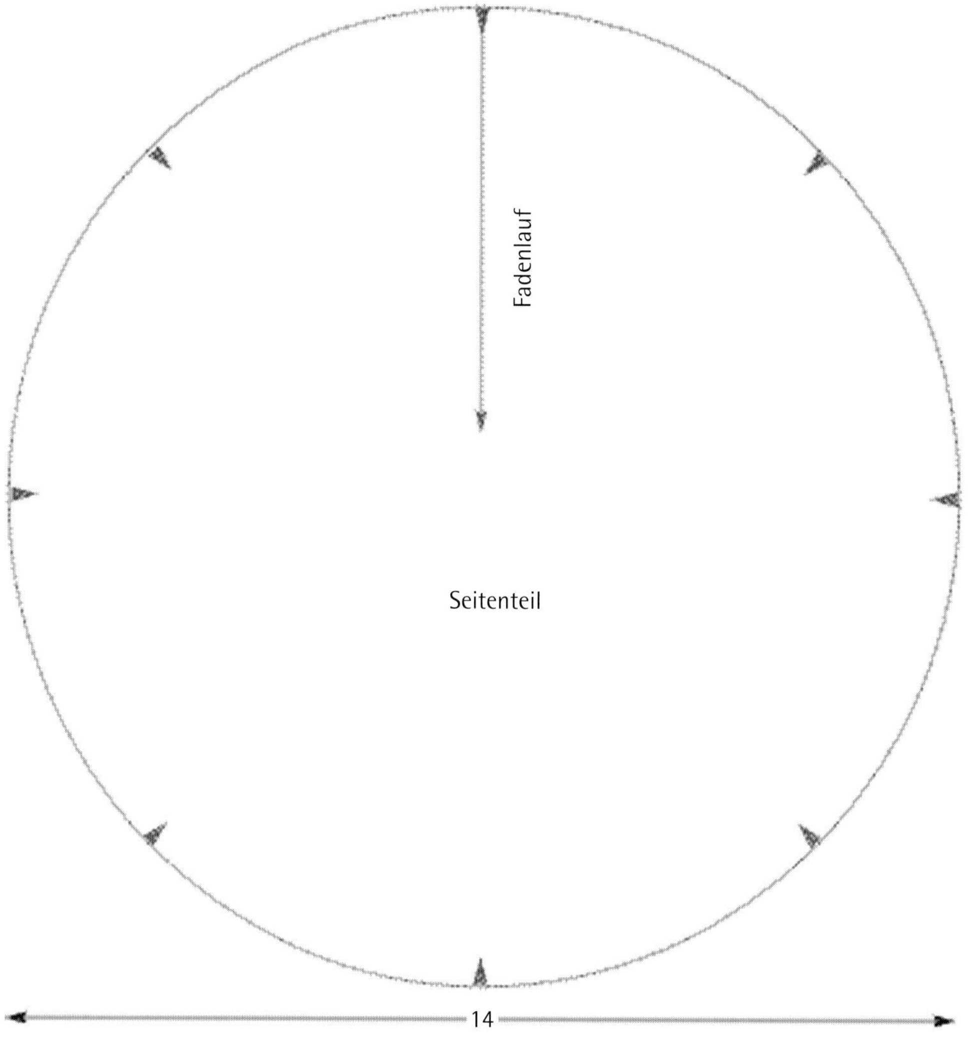

Modell 52

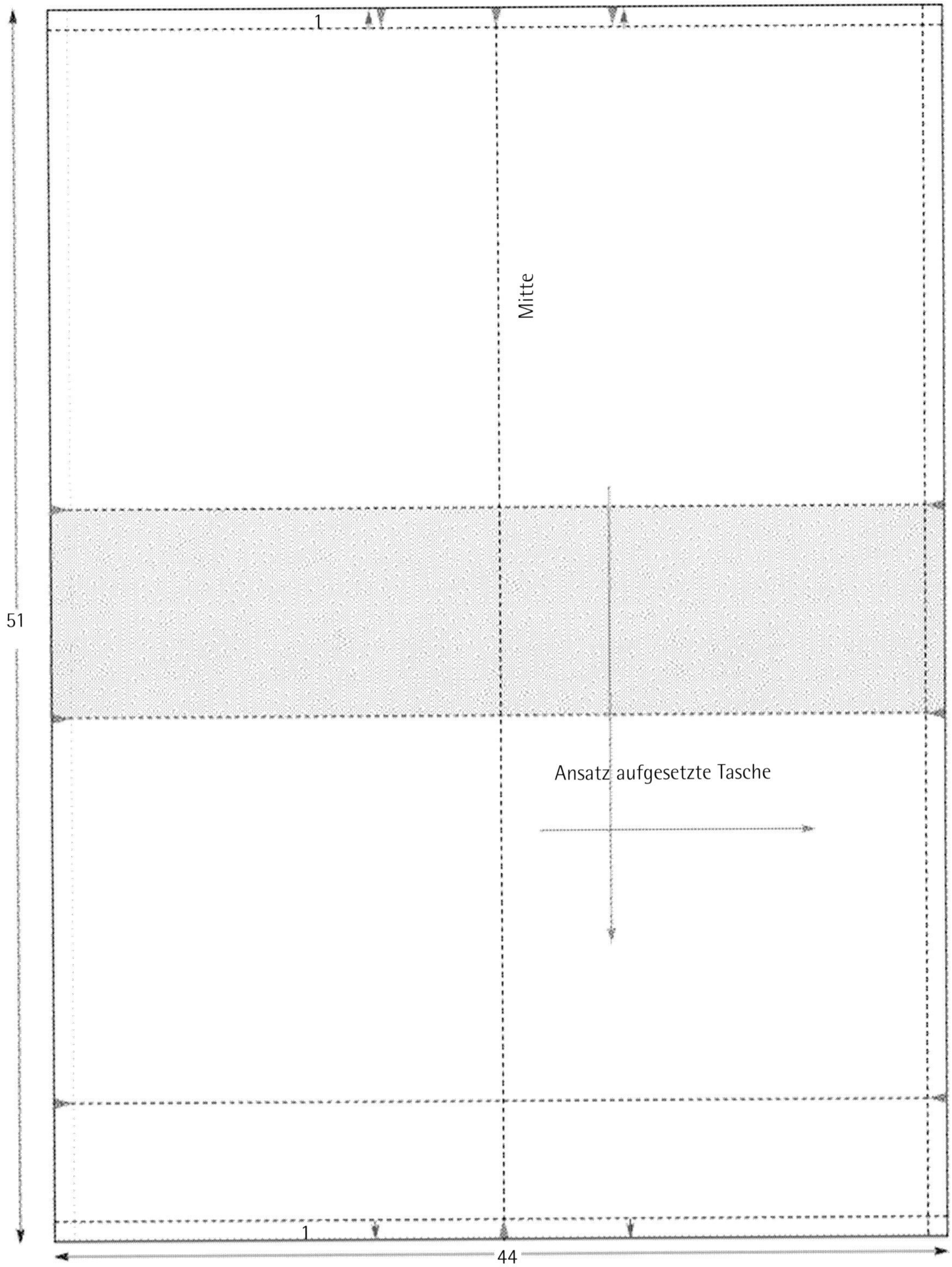

Modell 52

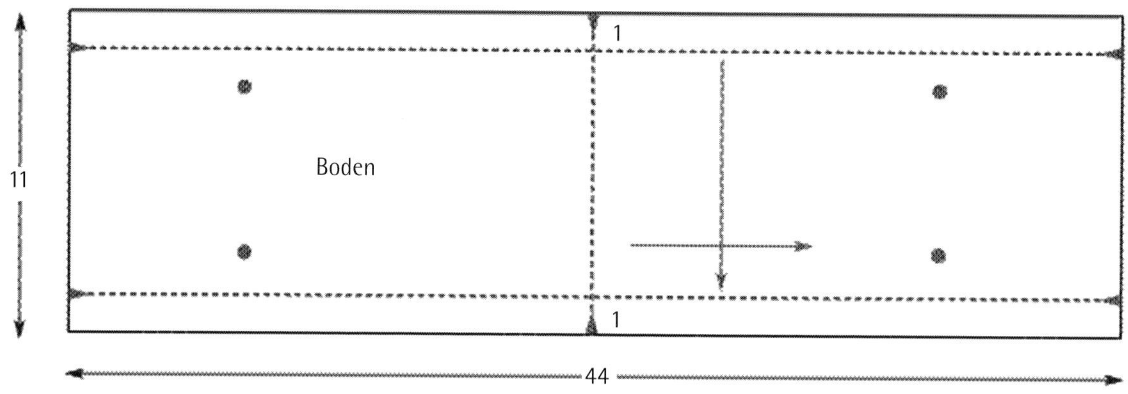

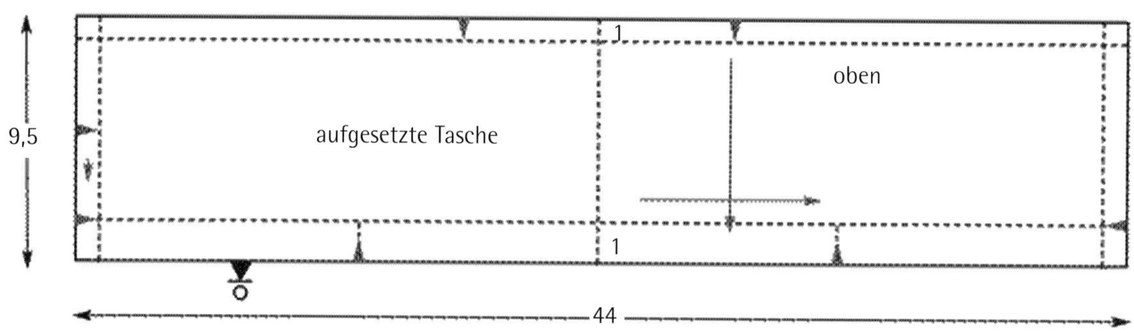

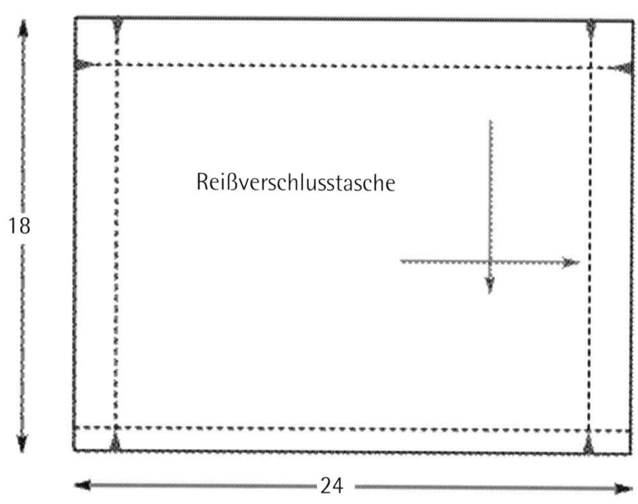

.... = Nahtlinien

Modell 53

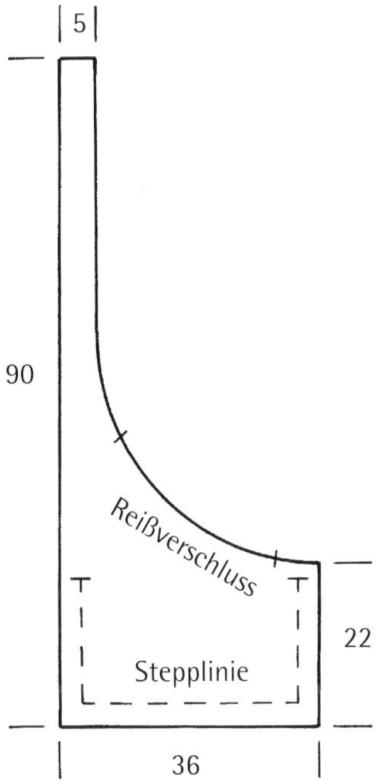

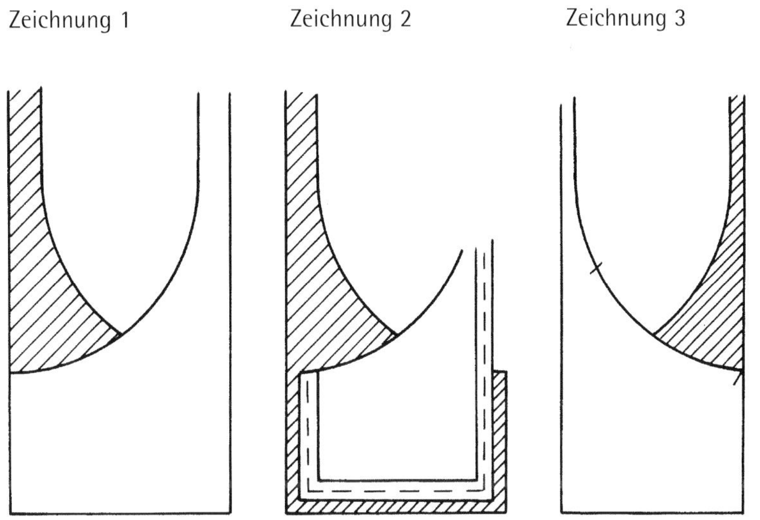

Modell 54

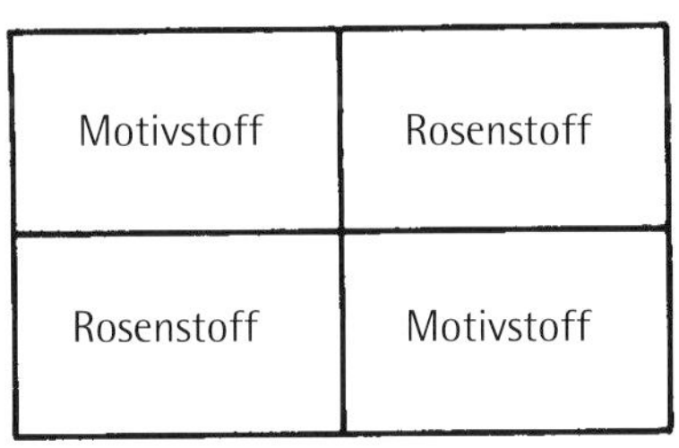

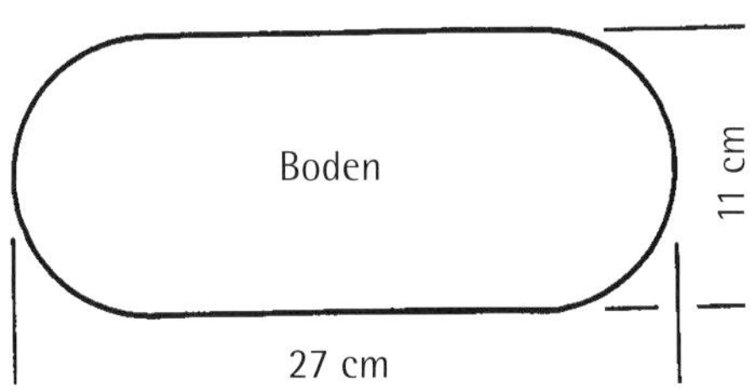

Herstellerverzeichnis

Farben und Lacke:
Marabuwerke GmbH & Co. KG
Asperger Straße 4
71732 Tamm
www.marabu-kreativ.de

Impressum

Modelle: Marie-Luise Mangei (Seiten 6/7, 16/17, 18/19, 20/21, 33, 34/35, 36/37, 45, 46/47, 59, 60/61, 66, 68); Susanne Jaouadi (Seiten 8/9, 24/25, 26/27, 30/31, 32, 40, 42/43); Nicola Schick (Seiten 10/11, 14/15); Moni Pfaff-Kern (Seiten 12/23); Petra Hoffmann (Seiten 22/23); U. Mäding (Seiten 28/29); Julia Bühler (Seiten 41, 67, 69); B. Wallner (Seiten 44, 74/75, 76/77); Ulrike Hundhammer (Seiten 48/49, 50/51, 52/53); Edeltraud Raskop (Seiten 56–58); Designstudio Coats (Seiten 54/55); selberschön für Initiative Handarbeiten (Seiten 70/71, 72/73); VSM Group AB/Pfaff (Seiten 62/63); Margret Seewald (Seiten 64/65)

Fotos: Inge Ofenstein (Seiten 48/49, 50/51, 52/53); Uzwei Fotodesign: Uli Glasemann, Uwe Bick (Seiten 6/7, 8/9, 11, 13, 15, 16/17, 18/19, 20/21, 24/25, 26/27, 30/31, 32/33, 34/35, 36/37, 40/41, 42/43, 45, 46/47, 59, 60/61, 66/67, 68/69); Jürgen Fey (Seite 23); Hermann Mareth (Seiten 28/29, 44, 54/55, 64/65, 70/71, 73, 74/75, 76/77); Pfaff (Seite 63)

Styling: Marie-Luise Mangei (Seiten 6/7, 16/17, 18/19, 20/21, 33, 34/35, 36/37, 41, 45, 46/47, 59, 60/61, 66/67, 68/69); Ulrike Hundhammer (Seiten 48/49, 50/51, 52/53); Karin Schlag (Seiten 8/9, 11, 15, 24/25, 26/27, 28/29, 30/31, 32, 40, 42/43, 44, 70/71, 73, 74/75, 76/77); Moni Pfaff-Kern (Seite 13); Petra Hoffmann (Seite 23); Christiane Käsmayr (Seiten 54/55); Martina Lammel (Seiten 64/65)

Redaktion: Petra Hassler
Lektorat: 360°/Eva Hauck, Berlin
Umschlaggestaltung: Stefan Hagen
Repro: Baun PrePress, Fellbach
Druck und Bindung: J. P. Himmer, Augsburg

2. Auflage 2006
ISBN 3-89858-843-2
ISBN 978-3-89858-843-0 (gültig ab 01.01.2007)
Art.-Nr. 843

Buchverlag OZ creativ, Freiburg